계명대학교 출판부
KEIMYUNG UNIVERSITY PRESS

Korean Alive Beginner Ⅱ

살아있는 한국어 Ⅱ

계명대학교 한국어학당
Korean Language and Culture Center
Keimyung University

Korean Language

머리말

말을 배운다는 것은 참으로 오랜 시간을 필요로 하는 것 같다. 많은 사람들은 어린 아이가 말을 깨쳐 가는 과정을 보며 그 빠른 속도에 놀라워한다. 그러나 어린 아이가 '제대로 된' 의사소통을 하기까지 걸리는 시간을 생각해 보면 모국어 습득이라 할지라도 단 시간에 이루어지는 것이 아니다. 하물며 외국어야 더 말할 나위 없을 것이다.

급하게 먹는 음식이 체하기 쉬운 것처럼 말이라는 것도 일정한 시간과 공을 들여야 하는 것이라면, 그 기간을 무리하게 줄이는 방법보다는 차라리 차근차근 익혀갈 수 있도록 안내해 주는 교재가 필요할 것이다. 그 먼 길이 너무 험하지 않도록 돌부리를 골라내고 끊어지지 않도록 다리를 놓아주고 지루하지 않도록 길동무를 해줄 수 있는 그런 교재 말이다.

시중에는 많은 교재들이 출간되어 있다. 각각 다른 기획 의도 하에 각기 다른 장점들을 가지고 있는 것으로 안다. 이 교재를 기획하며 우리 집필진은 다음과 같은 몇 가지 사항을 목표로 삼았다.

첫째, 한국어를 접하는 학습자들에게 한국어가 '재미있는 언어' 임을 알게 하자는 것이다. 그래서 교실에서 활용할 수 있는 여러 가지 재미있는 게임과 활동을 단원의 주제에 맞게 제시하였다.

둘째, 한국어를 '쉽게' 배우도록 하자는 것이다. 단원과 단원 사이의 연계성과 난이도 조절에 무척 많은 고심을 하여 가능한 한 쉽게 접근할 수 있도록 하였다.

셋째, 배운 내용을 생활에서 곧바로 쓸 수 있도록 하자는 것이다. 그런 점을 고려하여 이 책에서는 구어체인 '해요체' 를 먼저 제시하고 단원마다 학습자들이 실생활에서 접할 수 있는 기능과 상황을 중심으로 구성하였다.

넷째, 학문 목적의 학습자들을 위하여 쓰기와 읽기 능력을 향상시킬 수 있도록 하자는 것이다. 매 단원 종합 문제에서 쓰기와 읽기 자료가 제시된 것은 바로 이 때문이다.

이 교재는 부교재인 워크북과 함께 사용될 것이다. 워크북을 통해 학습자는 더 다양한 연습 활동으로 한국어 실력을 향상시킬 수 있을 것이라고 생각한다.

책이 나오기까지 한국어학당 여러 선생님들의 정성과 노고가 있었다. 직접적으로 교재 개발에 참여한 선생님들은 물론 주위에서 보이지 않는 성원과 도움을 아끼지 않았던 많은 분들의 수고에 감사드린다. 또한 김기환 팀장님과 제갈 상수 팀장님, 정지용 선생님 등 행정팀의 지원과 출판부의 여러 선생님들의 수고에 감사드린다. 덕분에 작업과 출판 과정이 순조로울 수 있었던 것 같다. 일일이 열거할 수는 없지만 각종 자료 수집과 편집에 도움을 준 주변의 많은 분들에게도 감사를 드린다.

이 책이 실제 수업에서 교사와 학습자에게 유익하게 사용되기를 기대한다.

2008년 7월

계명대학교 한국어학당

소장 김 선 정

일러두기

《살아있는 한국어 Ⅱ》는 한국어 자모와 기본적인 표현들을 익힌 학습자들이 쉽고 재미있게 한국어 실력을 향상시킬 수 있도록 만든 교재이다. 한국에서 유학하고자 하는 학습자는 물론이고 일반 목적의 학습자들이 실생활에 필요한 기본적인 표현과 문법 요소들을 익힐 수 있도록 하였다. 또한 기초적인 의사소통에 필요한 기능을 중심으로 구성되었으며, 다양한 과제 활동을 통해 학습자들이 여러 가지 상황 속에서 한국어 문법과 표현들을 익힐 수 있도록 하였다. 본 교재를 통해 학습자들은 말하기, 듣기, 쓰기, 읽기의 모든 언어활동 능력을 키우게 될 것이다.

본 교재는 20개의 단원으로 이루어져 있으며 총 200시간 정도의 한국어 수업 시간을 고려하였다. 각 단원은 서로 연관성이 있는 2개의 본문을 중심으로, 『단어와 표현』, 『조금 더 공부해요』, 『문법』, 『연습』, 『함께 해요』, 『종합연습』, 『읽기』등으로 구성되어 있다. 이 중에서 『조금 더 공부해요』와 『함께 해요』는 각 단원의 성격에 맞는 다양한 내용으로 구성하고자 하였다.

교재 구성

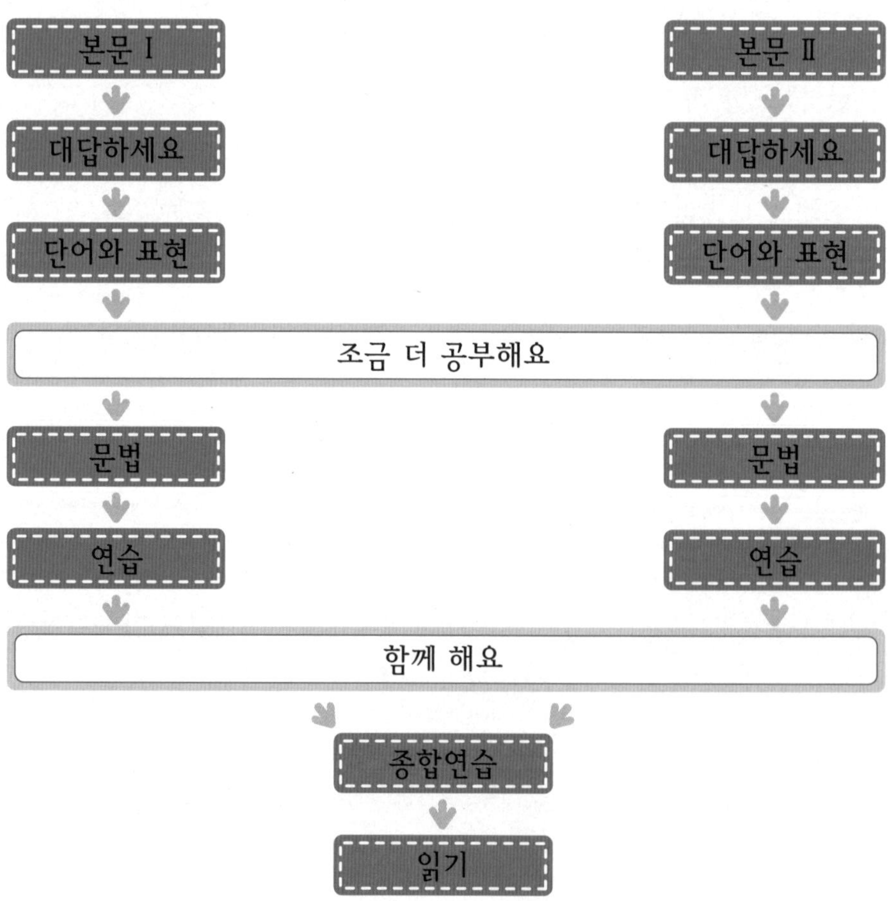

1. **『본문』**은 대화문을 중심으로 구성하였다. 본문의 내용과 어울리는 적절한 그림과 함께 제시하여 학습자들이 본문의 내용을 유추하고 교사와 함께 다양한 대화를 나눌 수 있도록 하였다.

2. **『대답하세요』**는 본문의 내용과 관련된 질문으로 학습자들의 본문에 대한 이해 정도를 확인할 수 있도록 하였다.

3. **『단어와 표현』**에서는 본문에 나오는 새로운 단어나 표현을 제시하였다. 표현의 경우, 다양한 예문을 통해 학습자의 이해를 돕고 빈칸을 두어 학습자 스스로가 배운 표현을 활용하여 문장을 만들어 볼 수 있도록 하였다.

4. **『조금 더 공부해요』**에서는 단원의 교육 목표와 직접 관련된 어휘나 표현들을 정리하여 학습자들이 좀 더 심화된 학습을 할 수 있도록 하였다.

5. **『문법』**은 해당 과에서 배워야 할 문법을 제시하고 그 문법에 해당하는 적절한 예문들을 제시하여 학습자들의 이해를 돕고자 하였다. 불규칙 용언 등 변화가 다양한 문법은 표를 활용하여 보기 쉽게 제시하였다.

6. **『연습』**은 해당 문법과 같은 페이지에 배치하여 학습자들이 학습한 문법을 바로 활용하여 확인할 수 있도록 구성되었다.

7. **『함께 해요』**는 말하기 중심의 과제로, 학습자들이 게임이나 짝 활동이나 소그룹 활동을 할 수 있도록 하여 배운 문법을 자연스럽게 활용할 수 있도록 하였다.

8. **『종합연습』**은 해당 과에서 배운 문법과 표현 등을 종합적으로 풀 수 있는 다양한 문제를 제시하였다. 말하기, 쓰기, 듣기의 통합적 활동을 통해 학습자들의 의사소통 능력 향상에 도움을 주고자 하였다.

9. **『읽기』**는 해당 단원의 주제 및 소재와 관련된 읽기 자료가 제시되어 학습자들이 한국어 읽기 능력을 배양할 수 있도록 하였다. 글을 읽고 내용과 관련된 질문을 통해 학습자들이 내용을 이해했는지를 파악할 수 있도록 하였다.

내용 구성

과	제목	기능	문법	표현
1	한국어를 잘해요?	자기 소개하기 능력 표현하기 정중하게 제안하기	N(이)라고 하다 N을/를 잘하다 N을/를 잘 못하다	N동안 N에 입학하다 N을/를 졸업하다
			V-아/어 보다 N 전에 N 후에	A/V-(으)면 좋다 N부터 자기 N
2	전화 잘못 거셨어요	전화하기 전화 받기 확인하기 전화로 약속하기	N(이)지요? 'ㄹ' 불규칙	그런데요(↔ 아닌데요) 잘못 V 전화를 걸다(끊다, 받다) 잠깐만 기다리세요
			N이/가 아니고 N이다	한테서(에게서) 문자 메시지를 보내다(↔ 받다) 늦다 이따가
3	점심시간이 되었네요	감탄 표현하기 형용사 관형형 말하기	A/V-네요 N(이)네요	N이/가 되다 이쪽, 저쪽, 그쪽
			A-(으)ㄴ N	N을/를 주문하다(시키다) 정말 뭘 드릴까요?
4	감기 때문에 못 왔어요	이유 말하기 관형형 현재 말하기	N 때문에	V-아/어 줘서 고맙다(감사하다) V-아/어서 죄송하다(미안하다) 참 시험이 있다(↔ 없다) 시험을 보다(치다)
			V-는 N	잘 그런데 점수를 받다(↔ 주다)
5	비가 오겠어요	추측하기 날씨와 계절 표현하기 비교해서 말하기 미래 표현하기	A/V-겠- (추측)	흐리다(↔ 맑다) 바람이 불다 N이/가 있다(↔ 없다) 비가 내리다(오다) 눈이 내리다(오다)
			N보다 더 A/V-(으)ㄹ 것이다	특히 더 V N을/를 가다
6	기차표를 예매해야 하지요?	확인하기 대조의 상황 표현하기	A/V-지요?	일찍(↔ 늦게) 무슨 일이에요? V-고 싶어하다
			A-(으)ㄴ데/는데 N인데 (대조)	N(으)로 출발하다(↔ 도착하다) 잠깐만요
7	영화표가 있을까요?	추측 표현하기 상대방 의향 묻기 상황, 배경 말하기	A/V-(으)ㄹ까요? V-(으)ㄹ까요?	N이/가 되다 마지막
			A/V-(으)ㄴ/는데 N인데 (상황, 배경)	가장(제일) 아니에요 N에게(에) 쉽다(어렵다, 좋다, 나쁘다)

과	제목	기능	문법	표현
8	환전하러 왔어요	목적 표현하기 부탁하고 도움 주기 관형형 과거 말하기	V-(으)러 가다 V-(으)러 오다 V-아/어 주다 V-아/어 드리다	N(으)로 바꾸다 N요 N만 알겠다
			V-(으)ㄴ N	N은/는 왜요? 다 V 쓰다
9	인라인 스케이트를 탈 줄 알아요?	능력 표현하기 취미 말하기	'르' 불규칙 V-(으)ㄹ 줄 알다 V-(으)ㄹ 줄 모르다	다른 N 그럼요
			V-는 것	여러 N 여러 가지 서로 N에 가입하다
10	주말에 경주에 가는 게 어때요?	제안하기 기호 나타내 의지 표현하기	어떤 N A-(으)ㄴ 것	V-는 게 어때요? N(으)로 유명하다 N을/를 N(이)라고 하다
			V-겠- (의지)	갔다 오다 보여 주다(보여 드리다)
11	남자 친구에게 줄 선물이에요	성격 표현하기 관형형 미래 말하기 시간 표현하기 부정의문문으로 묻고 대답하기	V-(으)ㄹ N	소개하다 자주 가끔 N이/가 부럽다
			V-(으)ㄴ 지 N이/가 되다 안 V?	아직 하지만 성격이 좋다(↔ 나쁘다)
12	우리 할머니 댁에 같이 갈래요?	권유하기 경험 표현하기	N은요?/는요? V-(으)ㄹ래요?/V-(으)ㄹ래요	글쎄요 여기저기 (그거) 좋은 생각이다
			V-아/어 봤다	N 때 N이/가 넘다 다음에 기회가 있다(↔ 없다)
13	더 예뻐졌네요	변화된 상황 표현하기 행위의 순서 표현하기	A-아/어지다	오래간만(= 오랜만) 지내다 정말요?
			V-기 전에 V-(으)ㄴ 후에	먼저 땀(눈물, 콧물)이 나다 또
14	저한테 무슨 색깔이 어울릴 것 같아요	추측 표현하기 비유 표현하기	N인 것 같다 A-(으)ㄴ/(으)ㄹ 것 같다 V-(으)ㄴ/는/(으) ㄹ 것 같다	어울리다 편하다(↔ 불편하다) 별로 A/V-지 않다 한번 V-아/어 보다
			N처럼	유행이다(유행하다) 마음에 들다

내용 구성

과	제목	기능	문법	표현
15	방 안에서 담배를 피우면 안 돼요	허락 표현하기 금지 표현하기 방 구하기	V-아/어도 되다 V-(으)면 안 되다	자세히 모르겠다 반드시 N을/를 지키다
			A-게	이사하다 이사(를) 가다(↔ 오다) 힘들다 N을/를 데리고 오다(↔ 가다) N을/를 모시고 오다(↔ 가다)
16	방학 때 아르바이트나 여행을 해요	선택 표현하기 희망 표현하기	N(이)나 N	보통 마찬가지이다 N이/가 필요하다(↔ 필요 없다)
			V-거나 V A/V-(으)면 좋겠다	그동안 방학을 하다(방학이다) N 말(↔ 초)
17	라면은 어떻게 끓여요?	순서 표현하기 이유 표현하기 방법 설명하기	V-고 나서	N이/가 끓다 N을/를 끓이다 N을/를 넣다 갑자기
			A/V-기 때문에 N이기 때문에	V-는 법 N을/를 끄다(↔ 켜다)
18	케이크는 내가 살게요	의지 표현하기 제안, 조언하기	V-(으)ㄹ게요	별일(이) 없다 굉장히 잘됐다
			V-아/어 가다 V-아/어 오다 N(이)랑 N	가지다(= 갖다) 뭘요 (냄새, 향기)가 나다
19	어떤 이야기인지 알아요?	정보 구하기 최상급 표현하기	A/V-(으)ㄴ/는지 알다, 모르다 N인지 알다, 모르다	인기가 많다 인기가 있다(↔ 없다) 시간이 나다 약속이 있다(↔ 없다)
			N에서 제일/가장 N중에(서) 제일/가장	N마다 감동적이다 N도 A/V-고요
20	나는 잘 지내고 있어	반말로 표현하기 채팅하기	A/V-아/어? A/V-아/어 A/V-니? N(이)야? N(이)야 A/V-(으)ㄹ거야? A/V-(으)ㄹ 거야	너는(넌), 네가 너의(네), 너를(널) 너에게 사귀다 그때
			V-아/어 (↔ V-지 마) V-자 (↔ V-지 말자)	응(↔ 아니) A/V-아/어서 걱정이다 한턱내다

Korean Alive Beginner Ⅱ

살아있는 한국어 Ⅱ

계명대학교 한국어학당
Korean Language and Culture Center
Keimyung University

LEVEL 2

contents

1 한국어를 잘해요?

I

제니퍼 아사코 씨, 이 사람은 내 친구 팀이에요.
오늘부터 우리와 함께 공부할 거예요.

팀 안녕하세요. 저는 팀이라고 해요. 만나서 반가워요.

아사코 안녕하세요. 아사코라고 해요. 팀 씨는 한국어를 잘해요?

팀 아니요, 3개월 동안 한국어를 공부했지만 잘 못해요.

아사코 저도 잘 못해요. 팀 씨는 한국에서 무엇을 하려고 해요?

팀 저는 대학원에 입학하려고 해요.
한국 역사를 공부하고 싶어요.

대답하세요

1. 팀은 한국어를 얼마 동안 공부했어요?
2. 팀은 한국에서 무엇을 하려고 해요?

단어와 표현

잘하다 개월 동안 대학원
입학하다 역사 졸업하다

◉ N 동안

• 두 시간 동안 친구를 기다렸어요.
• 여름 방학 동안 한국어를 배웠어요.
• 얼마 동안 한국에 살았어요?
  – 일 년 동안 한국에 살았어요.
•

◉ N에 입학하다 (↔ N을/를 졸업하다)

• 작년에 대학교에 입학했어요.
• 언제 학교를 졸업하셨어요?
• 내년에 대학교를 졸업할 거예요.
•

조금 더 공부해요

	1	2	3	4	5
년	일 년	이 년	삼 년	사 년	오 년
달	한 달	두 달	세 달	네 달	다섯 달
개월	일 개월	이 개월	삼 개월	사 개월	오 개월
주일	일주일	이 주일	삼 주일	사 주일	오 주일
주	일 주	이 주	삼 주	사 주	오 주
시간	한 시간	두 시간	세 시간	네 시간	다섯 시간

문법 1 N(이)라고 하다

- 에릭이라고 합니다.
- 저는 민지라고 해요.
- 저는 팀이라고 합니다.

연 습

1. 〈보기〉와 같이 쓰세요.

보기 소영 → 소영이라고 합니다.

1) 마이클 → ______________________.

2) 팀 → ______________________.

3) 투이 → ______________________.

4) 김민우 → ______________________.

2. 〈보기〉와 같이 쓰세요.

보기 이름이 뭐예요? (제니퍼)
제니퍼라고 해요.

1) 이름이 뭐예요? (도퐁투이)

______________________.

2) 이름이 뭐예요? (상우)

______________________.

3) 이름이 뭐예요? (마이클)

______________________.

4) 이름이 뭐예요? (티누)

______________________.

문법 2 N을/를 잘하다, N을/를 잘 못하다

- 소영 씨는 요리를 잘해요.
- 제니퍼 씨는 수영을 잘해요.
- 투이 씨, 한국어를 잘해요?
  – 아니요, 잘 못해요.

연습

1. 〈보기〉와 같이 쓰세요.

보기

가 : 노래를 잘해요?

나 : 네, 잘해요.

1)

가 : 팀 씨, 수영을 잘해요?

나 : 아니요, ____________________.

2)

가 : 한국 요리를 잘해요?

나 : 네, ____________________.

3)

가 : 태권도를 잘해요?

나 : 아니요, ____________________.

4)

가 : 민지 씨는 영어를 잘해요?

나 : 네, ____________________.

II

선생님 안녕하세요? 저는 한국어 선생님이에요.
오늘부터 여러분에게 한국어를 가르칠 거예요.
여러분, 한국어를 잘하고 싶어요?
예습과 복습을 열심히 하세요. 한국 음악도 듣고 드라마도 보면 좋아요. 모두 열심히 공부하세요.
그럼, 팀 씨부터 자기소개를 해 보세요.

팀 안녕하세요. 저는 팀이라고 합니다. 2주 전에 한국에 왔어요.
열심히 공부해서 일 년 후에 대학원에 입학하고 싶어요.

대답하세요

1. 팀은 언제 한국에 왔어요?
2. 한국어를 잘하고 싶으면 어떻게 해야 해요?

단어와 표현

예습	복습	드라마	부터
자기소개	전	후	자기

◉ V-(으)면 좋다

- 지하철을 타면 좋아요.
- 감기에 걸렸어요.
  - 그럼, 이 약을 먹으면 좋아요.
-

◉ N부터

- 청소부터 하세요.
- 밥부터 먹읍시다.
- 투이 씨부터 노래하세요.
-

◉ 자기 N

- 자기 책을 보세요.
- 자기 이름을 쓰세요.
- 자기 의자에 앉으세요.
-

조금 더 공부해요

학교

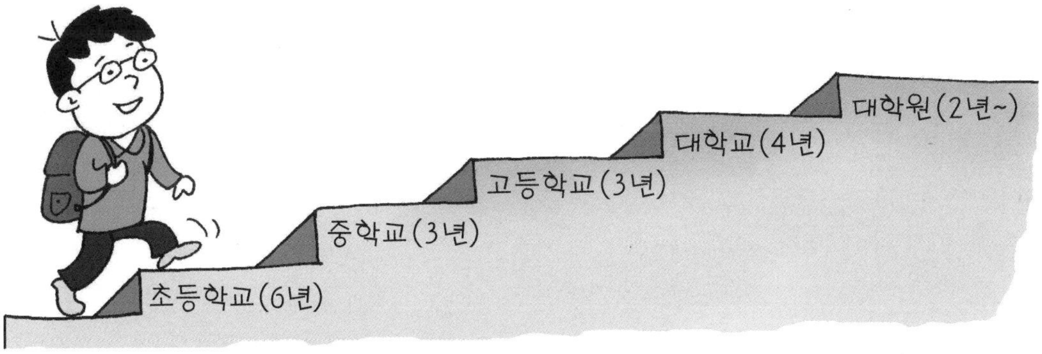

문법 1 V-아/어 보다

- 이 책을 읽어 보세요.
- 한국 음악을 들어 보고 싶어요.
- 불고기가 맛있어요. 먹어 보세요.

연 습

1. 〈보기〉와 같이 쓰세요.

보기 (이 차, 마시다) → 이 차를 마셔 보세요.

1) (수영, 배우다) → ____________________.

2) (이 약, 먹다) → ____________________.

3) (한국 노래, 듣다) → ____________________.

4) (편지, 쓰다) → ____________________.

2. 〈보기〉와 같이 쓰세요.

보기 (한국 요리, 하다) → 한국 요리를 해 보고 싶어요.

1) (바다, 가다) → ____________________.

2) (그 책, 읽다) → ____________________.

3) (비빔밥, 먹다) → ____________________.

4) (김 선생님, 만나다) → ____________________.

문법 2 N 전에, N 후에

- 한 시간 전에 친구를 만났어요.
- 식사 후에 이 약을 드세요.
- 언제 왔어요?
  - 조금 전에 왔어요.

연 습

1. 〈보기〉와 같이 쓰세요.

> **보기** 가 : 언제 친구를 만났어요? (한 달)
> 나 : 한 달 전에 친구를 만났어요.

1) 가 : 언제 중국에 갈 거예요? (졸업)
   나 : ______________________________.

2) 가 : 언제 한국에 왔어요? (6개월)
   나 : ______________________________.

3) 가 : 언제 친구에게 전화했어요? (10분)
   나 : ______________________________.

4) 가 : 지금 시내에 갈 거예요? (한 시간)
   나 : ______________________________.

5) 가 : 지금 청소할 거예요? (30분)
   나 : ______________________________.

6) 가 : 언제 일본어를 배웠어요? (두 달)
   나 : ______________________________.

종합연습

1. 〈보기〉와 같이 대화를 만드세요.

보기

가 : 한국 요리를 잘해요?

나 : 아니요, 저는 한국 요리를 잘 못해요.

가 : 그럼, 요리를 배워 보세요.

1)

가 : 축구를 잘해요?

나 : 아니요, ____________________.

가 : 그럼, ____________________. (배우다)

2)

가 : 한국 노래를 잘해요?

나 : 아니요, ____________________.

가 : 그럼, ____________________. (많이 듣다)

3)

가 : 농구를 잘해요?

나 : 아니요, ____________________.

가 : 그럼, 팀 씨에게 ____________. (배우다)

4)

가 : 한국어를 잘해요?

나 : 아니요, ____________________.

가 : 그럼, ____________________.

(한국 친구와 이야기하다)

5)

가 : 수영을 잘해요?

나 : 아니요, ____________________.

가 : 그럼, 스포츠센터에 __________. (가다)

2. 〈보기〉와 같이 대화를 만드세요.

보기

가 : 머리가 아파요.

나 : 이 약을 먹어 보세요.

1) 

가 : 너무 더워요.

나 : ______________________.

2) 

가 : 감기에 걸렸어요.

나 : ______________________.

3) 

가 : 부모님이 보고 싶어요.

나 : ______________________.

4) 

가 : 한국어가 어려워요.

나 : ______________________.

5) 

가 : 배가 고파요.

나 : ______________________.

6) 

가 : 한국어를 잘하고 싶어요.

나 : ______________________.

3. 잘 듣고 질문에 답해 보세요.

1) ① 6개월 전　② 1년 전　③ 1년 후　④ 1년 6개월 전

2) 맞으면 ○, 틀리면 ×하세요.

① 준 씨는 한국 생활이 재미있어요. (　　)

② 아사코 씨는 1년 전에 한국에 왔어요. (　　)

③ 준 씨는 한국어를 잘해요. (　　)

4. 여러분의 친구를 소개해 보세요.

보기

내 친구 이름은 에릭이라고 해요. 2년 전에 프랑스에서 만났어요. 에릭은 한국 노래를 좋아하고 한국 드라마도 좋아해요. 에릭은 프랑스 사람이지만 한국어를 잘해요. 한국 노래도 잘해요. 우리는 만나면 한국어도 공부하고 프랑스어도 공부해요. 여러분도 외국 친구를 만나 보세요.

읽 기

♣ 다음 글을 잘 읽고 질문에 대답해 보세요.

김 선생님께

선생님, 안녕하세요?

저는 일주일 전부터 한국어 공부를 다시 시작했어요. 수업 후에는 한국 친구를 만나서 매일 한국말을 연습해요. 저녁에는 피아노를 배워요. 피아노를 치면서 한국 노래를 연습해요. 지금은 한국 노래를 잘해요. 그리고 주말에는 커피숍에서 아르바이트를 해요. 조금 피곤하지만 사람들을 많이 만날 수 있어서 재미있어요.

다음 주부터는 시험이에요. 그래서 열심히 공부할 거예요. 시험이 끝나면 방학이에요. 방학에 한국에 갈 거예요. 선생님과 친구들을 빨리 만나고 싶어요.

그럼 안녕히 계세요.

2009년 6월 5일

미국에서 마이클

1. 누가 누구에게 편지를 썼어요?

2. 마이클은 수업 후에 무엇을 해요?

3. 마이클은 방학에 무엇을 하려고 해요?

연습하다	피아노	치다

2 전화 잘못 거셨어요

I

왕 단 여보세요. 거기 한국어학당이지요?
아저씨 아닌데요. 여기는 피자집입니다.
왕 단 거기 580-8765번 아니에요?
아저씨 아니요, 여기는 580-8756입니다. 전화 잘못 거셨어요.

* *

왕 단 여보세요. 거기 한국어학당이지요?
직 원 네, 그런데요.
왕 단 저는 왕단이라고 합니다.
박은주 선생님 좀 바꿔 주세요.
직 원 네, 잠깐만 기다리세요.

대답하세요

1. 한국어학당 전화번호는 몇 번이에요?
2. 왕단은 어디에 전화를 하려고 했어요?

단어와 표현

피자집	잘못	걸다	바꾸다
잠깐만	댁	끊다	알다
열다	팔다		

◉ 그런데요 (↔ 아닌데요)

- 거기 기숙사예요?
  - 네, 그런데요.
- 이게 상우 씨 사전이에요?
  - 아닌데요.
-

◉ 잘못 V

- 버스를 잘못 탔어요.
- 이름을 잘못 들었어요.
- 전화를 잘못 걸어서 다시 걸었어요.
-

◉ 전화를 걸다(끊다, 받다)

- 선생님 댁에 전화를 걸었어요.
- 상우 씨가 전화를 받았어요.
- 전화를 끊지 마세요.
-

◉ 잠깐만 기다리세요

- 여기에서 잠깐만 기다리세요.
- 잠깐만 기다리세요. 선생님이 오실 거예요.
- 지금 영화표를 살 수 있어요?
  - 잠깐만 기다려 주세요.
-

문법 1 N(이)지요?

- 저기가 우체국이지요?
- 이건 상우 씨 시계지요?
- 저분이 김 선생님이지요?
  - 네, 김 선생님이에요.

연 습

1. 〈보기〉와 같이 쓰세요.

보기

(거기, 한국어학당)
→ 거기가 한국어학당이지요?

1)

(투이 씨, 베트남 사람)
→ ______________________.

2)

(여기, 프랑스)
→ ______________________.

3)

(이것, 눈사람)
→ ______________________.

4)

(이분, 한국어 선생님)
→ ______________________.

문법 2 'ㄹ' 불규칙

	-아/어요	-(스)ㅂ니다	-(으)세요	-(으)니까
살다	살아요	삽니다	사세요	사니까
알다	알아요	압니다	아세요	아니까
걸다	걸어요	겁니다	거세요	거니까

- 더우니까 창문을 여세요.
- 어머니는 지금 케이크를 만드십니다.
- 11시부터 피자를 파니까 한 시간 후에 오세요.

연 습

1. 〈보기〉와 같이 쓰세요.

> 보기 가 : 거기가 피자집이지요?
> 나 : 아닌데요. 전화 잘못 거셨습니다. (걸다)

1) 가 : 너무 더워요.
   나 : 창문을 ________(으)면 시원할 거예요. (열다)

2) 가 : 어디 ________(으)세요? (살다)
   나 : 기숙사에 ________(스)ㅂ니다. (살다)

3) 가 : 티누 씨 전화번호를 ________(으)세요? (알다)
   나 : 네, ________아/어요. (알다)

4) 가 : 누가 이것을 ________았/었어요? (만들다)
   나 : 할아버지가 ________________. (만들다)

5) 가 : 음료수를 마시고 싶어요. 어디에서 ________아/어요? (팔다)
   나 : 학교 앞 편의점에서 ________(으)니까 거기에서 사세요. (팔다)

II

아사코 여보세요. 제니퍼 씨지요?

제니퍼 네, 그런데요. 누구세요?

아사코 안녕하세요. 저는 아사코예요.

제니퍼 아사코 씨, 안녕하세요?

아사코 제니퍼 씨, 오늘 우리 몇 시에 만나요? 오후 3시지요?

제니퍼 아니요, 3시가 아니고 4시예요.

아사코 그래요? 고마워요. 상우 씨도 와요?

제니퍼 네, 와요. 그런데 상우 씨는 조금 늦을 거예요.
조금 전에 상우 씨한테서 문자 메시지를 받았어요.

아사코 그럼 이따가 만나요.

대답하세요

1. 누가 늦을 거예요?
2. 두 사람은 몇 시에 만나요?
3. 상우는 누구에게 문자 메시지를 보냈어요?

단어와 표현

늦다	한테서	문자 메시지	이따가
에게서	카드	약속	통화하다

◉ 한테서(에게서)

- 상우 씨에게서 전화가 왔어요.
- 누구한테서 크리스마스카드가 왔어요?
  - 어머니한테서 왔어요.
-

◉ 문자 메시지를 보내다 (↔ 받다)

- 투이 씨한테서 문자 메시지를 받았어요.
- 수업 시간에 문자 메시지를 보내지 마세요.
- 문자 메시지를 어떻게 보내요? 좀 가르쳐 주세요.
-

◉ 늦다

- 늦어서 죄송합니다.
- 왜 늦었어요?
  - 버스를 잘못 타서 늦었어요.
-

◉ 이따가

- 이따가 영화를 봅시다.
- 이따가 약속 장소에서 만납시다.
- 지금은 좀 바빠요. 이따가 통화합시다.
-

문법 N이/가 아니고 N이다

- 오늘은 내 생일이 아니고 동생 생일이에요.
- 저는 한국 사람이 아니고 중국 사람이에요.
- 오늘이 수요일이지요?
  - 아니요, 수요일이 아니고 목요일이에요.

연습

1. 〈보기〉와 같이 대화를 만드세요.

보기

가 : 저기가 우체국이지요?

나 : 아니요, <u>우체국이 아니고 은행이에요</u>.

1)

가 : 아사코 씨는 중국 사람이지요?

나 : 아니요, ______________________.

2)

가 : 오늘은 2월 13일이지요?

나 : 아니요, ______________________.

3)

가 : 거기 한국어학당이지요?

나 : 아니요, ______________________.

4)

가 : 약속 시간이 4시지요?

나 : 아니요, ______________________.

함께 해요

♣ 친구에게서 문자 메시지가 왔어요. 메시지를 읽고 문자 메시지를 보내 보세요.

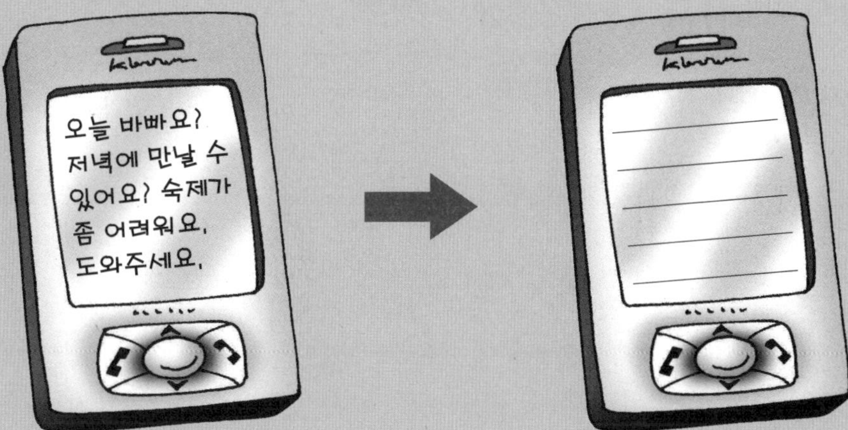

♣ 선생님께 문자 메시지를 보내 보세요.

종합연습

1. 〈보기〉와 같이 대화를 만드세요.

✕

○

보기

가 : 저분이 한국어 선생님이지요?

나 : 아니요, 한국어 선생님이 아니고 영어 선생님이에요.

1)  ✕ 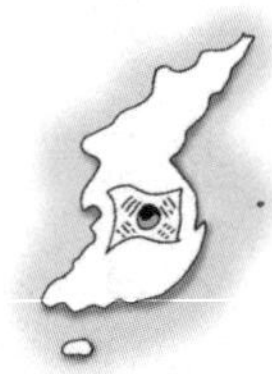 ○

가 : 여기가 ______________지요?

나 : 아니요, ______________.

2) 

민수 씨 ✕

상우 씨 ○

가 : 이 사람이 ______________지요?

나 : 아니요, ______________.

3) 

✕

○

가 : 여기가 ______________지요?

나 : 아니요, ______________.

4) 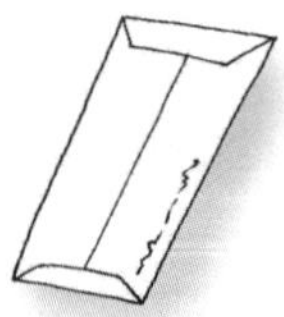 ✕  ○

가 : 이것은 ______________지요?

나 : 아니요, ______________.

5)  ✕  ○

가 : 이분이 ______________지요?

나 : 아니요, ______________.

2. 알맞은 단어를 골라 문장에 맞게 쓰세요.

살다	만들다	알다	걸다	열다	팔다

1) 아주머니는 시장에서 사과를 (　　　　　)(으)십니다.

2) 지금 무엇을 (　　　　　)(으)세요?

3) 한국에서 (　　　　　)아/어서 한국말을 잘해요.

4) 창문을 (　　　　　)(으)ㄹ까요?

- 아니요, 창문을 (　　　　　)(으)면 추울 거예요.

5) 민지 씨와 통화했어요?

- 아니요, 전화를 (　　　　　)지만 안 받아요.

6) 상우 씨 고향이 서울이지요?

- 아니요, 서울이 아니고 부산이에요.
  지금도 부모님은 부산에서 (　　　　　)(으)세요.

7) 팀 씨 전화번호를 (　　　　　)(으)세요?

- 잠깐만 기다리세요.

3. 순서대로 번호를 쓰세요.

① 상우 씨가 전화를 받았습니다.
② 팀 씨가 전화를 끊었습니다.
③ 투이 씨가 팀 씨에게 전화를 걸었습니다.
④ 투이 씨는 팀 씨와 통화했습니다.
⑤ 상우 씨는 팀 씨를 바꿔 주었습니다.

(③) → (　　　) → (　　　) → (　　　) → (　　　)

4. 잘 듣고 질문에 대답하세요.

1) ① 팀　　② 민지　　③ 에릭

2) ① 팀이 도서관에 있어서
② 내일 팀을 만나야 해서
③ 팀이 전화를 안 받아서
④ 팀의 전화번호를 몰라서

5. 친구와 이야기해 보세요.

	이름 : ______	이름 : ______
1) ________씨는 일본 사람이지요?		
2) ________씨는 20살이지요?		
3) ________씨는 여자지요?		
4) 우리 교실은 3층이지요?		
5) 여기는 부산이지요?		
6) 지금은 겨울이지요?		
7) 오늘은 금요일이지요?		
8) ______________________?		

읽기

♣ 다음 글을 잘 읽고 질문에 대답해 보세요.

팀은 10분 전에 약속 장소에 도착했습니다. 한 시간 동안 투이를 기다렸지만 투이는 오지 않았습니다. 그래서 팀은 투이에게 전화를 걸었습니다. 투이는 전화를 받지 않았습니다. 팀은 투이에게 문자 메시지를 보내고 집으로 돌아왔습니다.

저녁에 투이한테서 전화가 왔습니다.

투이 팀, 지금 문자 메시지를 봤어요. 어디에 있어요?

팀 집에 있어요. 투이, 왜 약속 장소에 안 왔어요? 나는 한 시간 동안 기다렸어요. 투이에게 전화를 걸고 문자 메시지도 보냈어요.

투이 전화를 못 받아서 미안해요. 그런데 팀, 우리 약속 시간은 오전 9시가 아니고 오후 9시예요.

팀 정말이에요?

1. 팀과 투이의 약속 시간은 몇 시입니까?

2. 팀과 투이는 왜 못 만났습니까?
   ① 팀이 집에 있어서
   ② 투이가 전화를 안 받아서
   ③ 투이가 약속 장소에 안 와서
   ④ 팀이 약속 시간을 잘못 알아서

3. 팀은 투이에게 문자 메시지를 보냈습니다. 팀의 메시지를 써 보세요.

____.

도착하다　　　돌아오다

3 점심시간이 되었네요

I

상 우 점심시간이 되었네요. 오늘은 뭘 먹을까요?
아사코 저는 칼국수를 먹고 싶어요.
상 우 그럼, 학교 앞 식당으로 가요.
아사코 좋아요. 저기 제니퍼 씨도 오네요. 같이 가요.

* *

상 우 식당에 사람이 많네요.
제니퍼 이 식당은 음식이 맛있어서 항상 복잡해요.
저쪽에 앉읍시다.

대답하세요

1. 어디에서 점심을 먹을 거예요?
2. 왜 이 식당은 항상 복잡해요?

단어와 표현

점심시간　　되다　　칼국수　　항상
저쪽　　출퇴근　　이쪽　　그쪽
웃다

◉ N이/가 되다

- 한 시가 되었어요.
- 여름 방학이 되면 바다에 갈 거예요.
- 출퇴근 시간이 되면 지하철역은 항상 복잡해요.
-

◉ 이쪽, 저쪽, 그쪽

- 세 시에 그쪽으로 갈 거예요.
- 이쪽을 보고 웃으세요. 김치!
- 여기는 사람이 많으니까 저쪽에 앉을까요?
-

조금 더 공부해요

❀ 형용사 Ⅲ

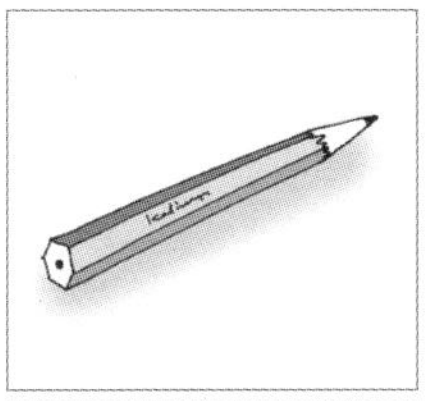
길다

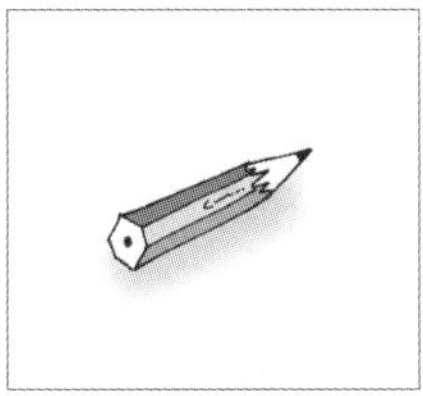
짧다

크다

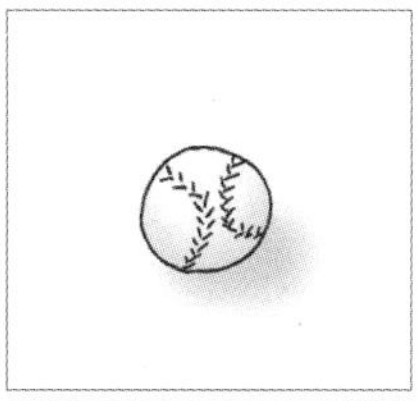
작다

높다

낮다

멀다

가깝다

문법 A/V-네요, N(이)네요

• 밖에 눈이 오네요. 같이 사진을 찍읍시다.
• 중국어 책이네요. 중국어를 공부하고 있어요?
• 상우 씨가 이 김밥을 만들었어요? 아주 맛있네요!

연 습

1. 〈보기〉와 같이 쓰세요.

보기

가 : 어제 시장에서 모자를 샀어요. 어때요? (예쁘다)
나 : 아주 예쁘네요.

1)

가 : 사과가 다섯 개에 천 원입니다. 빨리 사세요. (싸다)
나 : ________________.

2)

가 : 집에서 학교까지 두 시간 걸려요. (멀다)
나 : ________________.

3)

가 : 이거 제가 만들었어요. 먹어 보세요. (맛있다)
나 : ________________.

4)

가 : 어제 밤부터 오늘 아침까지 15시간 동안 잤어요. (자다)
나 : ________________.

2. 그림을 보고 〈보기〉와 같이 쓰세요.

보기

→ 눈이 오네요.

1)

→ ______________________________.

2)

→ ______________________________.

3)

→ ______________________________.

4)

→ ______________________________.

5)

→ ______________________________.

6)

→ ______________________________.

II

상 우 아사코 씨와 저는 칼국수를 시키려고 해요.
제니퍼 씨는 뭘 시킬 거예요?

제니퍼 뭐가 맛있어요?

상 우 칼국수하고 김치찌개가 맛있어요.
그런데 김치찌개는 아주 매워요.

제니퍼 저는 매운 음식을 정말 좋아해요.

상 우 그럼 주문합시다. 아주머니!

아주머니 네, 뭘 드릴까요?

상 우 여기 김치찌개 하나하고 칼국수 두 그릇 주세요.

제니퍼 따뜻한 물도 좀 주세요.

대답하세요

1. 세 사람은 무엇을 주문했어요?
2. 이 식당은 무슨 음식이 맛있어요?

단어와 표현

시키다	김치찌개	주문하다	슬프다
수학	문제		

◉ N을/를 주문하다(시키다)

- 저는 국수를 주문했어요.
- 뭘 시킬까요?
  - 날씨가 더우니까 냉면을 시킵시다.
-

◉ 정말

- 그 영화는 정말 슬펐어요.
- 제 친구는 노래를 정말 잘해요.
- 이 수학 문제는 정말 어렵네요.
-

◉ 뭘 드릴까요?

- 뭘 드릴까요?
  - 비빔밥 두 그릇 주세요.
- 뭘 드릴까요?
  - 김밥 하나하고 돈가스 둘 주세요.
-

문법 A-(으)ㄴ N

A	A-(으)ㄴ	A	A-(으)ㄴ
싸다	싼	쉽다	쉬운
많다	많은	길다	긴
시원하다	시원한	※ 맛있다	맛있는

- 시원한 콜라를 마시고 싶어요.
- 내 남자 친구는 긴 머리를 좋아해요.
- 어려운 일이 있으면 저에게 전화해 주세요.
  - 고마워요. 정말 친절하시네요.

연 습

1. 〈보기〉와 같이 쓰세요.

> **보기** (복잡하다, 시장)
> → 여기는 복잡한 시장이에요.

1) (따뜻하다, 커피)

→ ________________ 를 마시고 싶어요.

2) (춥다, 날씨)

→ 저는 ________________ 를 싫어해요.

3) (크다, 옷)

→ 아주머니, ________________ 이 있습니까?

4) (가깝다, 병원)

→ 여기에서 ________________ 이 어디예요?

5) (슬프다, 영화)

→ ________________ 는 좋아하지 않아요.

함께 해요

♣ 식당에서 주문을 해 봅시다. 아래 그림을 보고 대화를 만들어 보세요.

종합연습

1. 알맞은 단어를 골라 문장에 맞게 쓰세요.

점심시간　　항상　　정말　　주문

1) 가 : 무엇을 (　　　　　)할까요?
   나 : 저는 오렌지 주스를 마시고 싶어요.

2) 가 : 아침부터 날씨가 (　　　　　) 덥네요.
   나 : 그럼 우리 수영장에 갈까요?

3) 가 : (　　　　　)에 시간 있어요? 같이 밥 먹고 싶어요.
   나 : 미안해요. 오늘은 제가 조금 바빠요.

4) 가 : 식당 안에 사람들이 많네요.
   나 : 네, 이 시간에는 (　　　　　) 손님이 많아요.

2. 〈보기〉와 같이 쓰세요.

보기 (재미있다, 영화, 보다)
→ 주말에 재미있는 영화를 보고 싶어요.

1) (시원하다, 물, 마시다)
→ ________________.

2) (맛있다, 불고기, 먹다)
→ ________________.

3) (친절하다, 사람, 만나다)
→ ________________.

4) (맵다, 음식, 먹다)
→ ________________.

3. 그림을 보고 〈보기〉와 같이 쓰세요.

보기

눈이 큰 사람과 눈이 작은 사람

1) 

2) 

3) 

4) 

5) 

6) 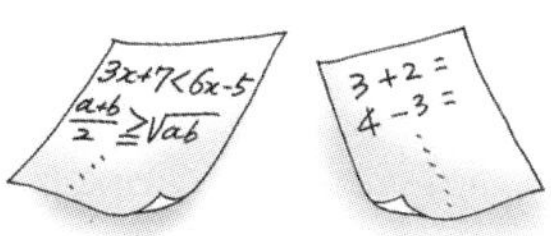

4. 그림을 보고 〈보기〉와 같이 쓰세요.

보기

아주 큰 가방이네요.

1)  ____________________.

2) 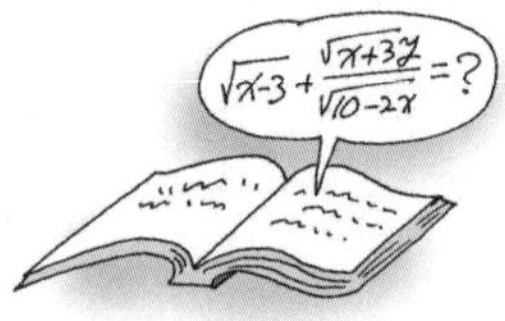 ____________________.

3)  ____________________.

4)  ____________________.

5. 잘 듣고 질문에 답해 보세요.

1) ① 커피숍　② 영화관　③ 식당　④ 도서관

2) 두 사람은 (　　　　　　) 영화를 볼 거예요.

3) 맞으면 ○, 틀리면 ×하세요.

① 여자는 남자를 기다렸어요.　(　　)

② 여자는 재미있는 영화를 좋아해요.　(　　)

③ 남자는 팝콘과 콜라를 샀어요.　(　　)

읽기

♣ 아사코 씨의 글을 잘 읽고 질문에 대답해 보세요.

제니퍼 씨와 나는 동물들을 아주 좋아해요.
그래서 우리는 지난 주말에 동물원에 갔어요.
동물원은 아주 넓었어요. 그리고 많은 동물들이 있었어요.
입이 큰 하마는 수영을 하고 있었어요.
뚱뚱한 곰은 나무 아래에서 잠을 자고 있었어요.
목이 긴 기린은 나뭇잎을 먹고 있었어요.
엄마 코끼리 옆에는 귀여운 아기 코끼리가 있었어요.
우리는 아기 코끼리에게 바나나를 주고 사진을 찍었어요.
정말 기분 좋은 하루였어요.

1. 아사코와 제니퍼는 왜 동물원에 갔어요?

2. 동물원에는 무슨 동물들이 있었어요?

3. 두 사람은 동물원에 가서 무엇을 했어요?

동물	동물원	하마	뚱뚱하다	곰
기린	나뭇잎	귀엽다	아기	

4 감기 때문에 못 왔어요

I

아사코 제니퍼 씨, 어제 왜 결석했어요?

제니퍼 감기 때문에 못 왔어요.

아사코 지금은 괜찮아요?

제니퍼 네, 감기약을 먹어서 괜찮아요. 걱정해 줘서 고마워요.

아사코 참, 내일 시험이 있어요.

제니퍼 그래요? 무슨 시험이에요?

아사코 1과부터 3과까지 받아쓰기 시험이에요.

대답하세요

1 제니퍼는 어제 왜 결석했어요?

2 제니퍼는 지금 아파요?

3 내일 무슨 시험이 있어요?

단어와 표현

결석하다	감기약	걱정하다	참
과	받아쓰기	감사하다	치다

◉ V-아/어 줘서 고맙다(감사하다)

- 와 줘서 고마워요.
- 전화해 줘서 감사합니다.
- 가르쳐 주셔서 고맙습니다.
-

V-아/어서 죄송하다(미안하다)

- 늦어서 죄송합니다.
- 어제 못 가서 미안해요.
-

◉ 참

- 참, 내일 고향에서 친구가 와요.
- 참, 냉장고에 시원한 물이 있어요.
- 참, 오늘 오후에 은행에 가야 해요.
-

◉ 시험이 있다 (↔ 없다), 시험을 보다(치다)

- 언제 시험이 있어요?
- 월요일에 시험을 봐요.
- 다음 주에 시험을 치니까 공부하세요.
-

문법 N 때문에

- 동생 때문에 늦었어요.
- 비 때문에 산에 못 갔어요.
- 어제 영화를 봤어요?
  - 아니요, 숙제 때문에 못 봤어요.

연 습

1. 〈보기〉와 같이 쓰세요.

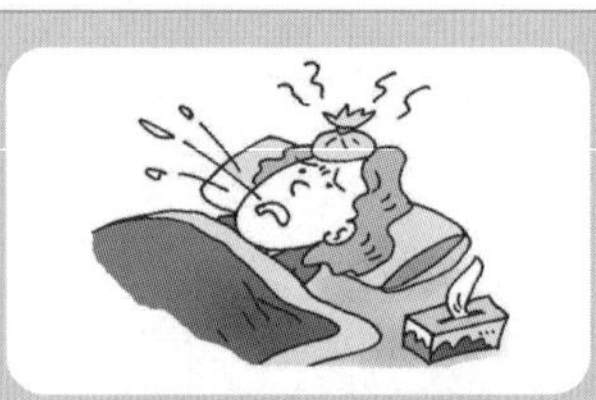
감기

보기

가 : 왜 안 왔어요?

나 : 감기 때문에 못 왔어요.

1)

친구

가 : 왜 늦었어요?

나 : ________________.

2)

숙제

가 : 왜 운동을 못 했어요?

나 : ________________.

3)

일

가 : 왜 집에 안 가요?

나 : ________________.

4)

약속

가 : 왜 같이 영화를 못 봐요?

나 : ________________.

2. 여러분은 무엇을 못 했어요? 〈보기〉와 같이 쓰세요.

보기 숙제 때문에 산에 못 갔어요.

1) 눈 때문에 ______________________________.

2) 감기 때문에 ______________________________.

3) 시험 때문에 ______________________________.

4) 친구 때문에 ______________________________.

함께 해요

♣ 어떻게 하면 좋아요? 친구와 이야기해 보세요.

지영

저는 커피를 아주 좋아해요.
그렇지만 커피 때문에 밤에 잠을 못 자요.

제니퍼

주말에도 일 때문에 남자 친구를 못 만나요.
그래서 제 남자 친구는 기분이 안 좋아요.

티누

내일부터 시험이에요. 그렇지만 지금 감기 때문에 공부를 할 수 없어요.

II

팀 투이 씨, 오늘 시험 잘 봤어요?

투이 아니요. 읽기 시험이 어려웠어요. 팀 씨는 시험이 어땠어요?

팀 읽기 시험은 쉬웠어요. 그런데 듣기 시험은 너무 어려웠어요.

상우 팀 씨, 투이 씨, 걱정하지 마세요.
좋은 점수를 받을 수 있을 거예요.

팀, 투이 고마워요.

상우 시험이 끝났으니까 극장에 가서 영화 볼까요?

투이 좋아요. 그리고 상우 씨가 좋아하는 초밥도 먹어요.

대답하세요

1. 투이는 무슨 시험이 어려웠어요?
2. 팀은 무슨 시험이 쉬웠어요?

단어와 표현

잘	읽기	그런데	듣기
점수	토마토	쓰기	점
말하기			

◉ 잘

- 제니퍼 씨는 춤을 잘 춰요.
- 투이 씨는 그림을 잘 그려요.
- 왜 음식을 조금 먹어요?
  - 저는 매운 음식을 잘 못 먹어요.
-

◉ 그런데

- 축구는 잘해요. 그런데 야구는 잘 못해요.
- 한국어가 재미있어요. 그런데 아주 어려워요.
- 사과는 좋아해요. 그런데 토마토는 안 좋아해요.
-

◉ 점수를 받다 (↔ 주다)

- 선생님께서 좋은 점수를 주셔서 기분이 좋아요.
- 쓰기 시험에서 95점을 받았어요.
  - 그래요? 점수를 잘 받았네요.
- 좋은 일이 있어요?
  - 네, 말하기 시험에서 좋은 점수를 받았어요.
-

문법 V-는 N

V	V-는	V	V-는
가다	가는	만들다	만드는
먹다	먹는	열다	여는
청소하다	청소하는	듣다	듣는

• 지금 먹는 음식이 뭐예요?
• 이것은 제가 좋아하는 바지입니다.
• 누가 팀 씨예요?
　– 저기에서 책을 보는 사람이 팀 씨예요.

연 습

1. 〈보기〉와 같이 쓰세요.

보기
가 : 무슨 운동을 좋아해요?
나 : 제가 좋아하는 운동은 수영이에요.

1) 

가 : 무슨 음악을 들어요?
나 : 제가 지금 ________ 음악은 ________이에요.

2) 

가 : 무슨 음식을 잘 먹어요?
나 : 제가 ________ 음식은 ________이에요.

3) 

가 : 요즘 무슨 외국어를 배워요?
나 : 제가 요즘 ________ 외국어는 ________예요.

4) 

가 : 지금 무슨 주스를 마셔요?
나 : 지금 ________ 주스는 ________예요.

2. 〈보기〉와 같이 쓰세요.

보기

제니퍼가 아이스크림을 먹어요.
그 아이스크림은 1,000원이에요.
→ 제니퍼가 먹는 아이스크림은 1,000원이에요.

1) 

왕단이 식당에서 일해요. 그 식당은 학교 앞에 있어요.

→ ______________________________.

2) 

티누가 책을 읽어요. 그 책은 한국어 책이에요.

→ ______________________________.

3) 

아사코가 버스를 타요. 그 버스는 305번이에요.

→ ______________________________.

4) 

투이가 친구를 만나요. 그 친구는 상우예요.

→ ______________________________.

5) 

상우가 주스를 마셔요. 그 주스는 오렌지 주스예요.

→ ______________________________.

종합연습

1. 알맞은 단어를 골라 쓰세요.

시험을 보다	결석하다	걱정하다	고맙다	죄송하다

1) 선생님, 늦어서 (　　　　　　　　).

　– 괜찮아요. 다음부터 늦지 마세요.

2) 어제 왜 (　　　　　　　　)?

　– 배가 아파서 학교에 못 왔어요.

3) 동생이 집에 안 와서 부모님께서 (　　　　　　　　).

4) 월요일에 (　　　　　　　　)니까 열심히 공부하세요.

5) 도와줘서 (　　　　　　　　).

2. 〈보기〉와 같이 대화를 만드세요.

보기

가 : 시험 잘 봤어요?

나 : 아니요, 잘 못 봤어요.

1) 

가 : 티누 씨는 왜 안 왔어요?

나 : ______________________________.

2) 

가 : 받아쓰기 시험에서 몇 점을 받았어요?

나 : ______________________________.

3) 

가 : 좋아하는 운동이 뭐예요?

나 : ______________________________.

4) 

가 : 쓰기 시험을 언제 봐요?

나 : ______________________________.

3. 〈보기〉와 같이 알맞은 단어를 골라 쓰세요.

마시다	고프다	가다	춥다	읽다	따뜻하다	예쁘다
만들다	배우다	맵다	짧다	길다	재미있다	공부하다

보기 제가 읽는 책은 한국 역사책이에요.

1) 어제 ____________ 치마를 샀어요.

2) 투이 씨는 ____________ 날씨를 좋아해요.

3) 저는 ____________ 사람을 좋아해요.

4) 배가 ____________ 사람은 지금 밥을 먹고 오세요.

5) 지금 ____________ 음식은 비빔밥이에요.

6) 저기에서 주스를 ____________ 사람이 제 동생이에요.

7) 요즘 한국어를 열심히 ____________ 사람이 누구예요?

8) 요즘 ____________ 영화가 무슨 영화예요?

9) 요즘 태권도를 ____________ 사람이 티누 씨예요.

10) 제니퍼 씨는 ____________ 음식을 잘 못 먹어요.

11) 날씨가 추워서 ____________ 커피를 마시고 싶어요.

12) 우리 오빠는 머리가 ____________ 여자를 좋아해요.

13) 시장에 가면 싸고 ____________ 옷이 많아요.

4. 잘 듣고 맞는 답을 고르세요.

1) ① 숙제가 많아서

② 감기에 걸려서

③ 머리가 아파서

2) 맞으면 ○, 틀리면 ×하세요.

① 아사코 씨는 2급 반에서 공부하고 있어요. (   )

② 아사코 씨는 내일 학교에 못 가요. (   )

③ 아사코 씨는 숙제 때문에 팀 씨에게 전화했어요. (   )

5. 친구들과 이야기해 보세요.

1) 여러분은 무슨 시험이 어려워요? 왜 그 시험이 어려워요?

2) 시험을 잘 치고 싶어요. 어떻게 공부해야 해요?

3) 시험이 끝나면 무엇을 하고 싶어요?

읽기

♣ 다음 글을 잘 읽고 질문에 대답해 보세요.

내 이름은 제니퍼입니다. 나는 요즘 어학당에서 한국어를 배우고 있습니다. 교실에서 내 옆에 앉는 친구는 왕단 씨입니다. 왕단 씨는 수업 시간에 선생님께 질문을 많이 합니다. 똑똑한 친구입니다. 수업 후에 같이 점심을 먹는 친구는 투이 씨입니다. 투이 씨는 베트남에서 왔습니다. 예쁘고 친절합니다. 오후에 나와 같이 도서관에서 공부를 하는 친구는 상우 씨입니다. 상우 씨는 한국 대학생입니다. 내 숙제를 도와주고 나에게 한국말도 가르쳐 줍니다. 주말에 나와 같이 농구를 하는 친구는 팀 씨입니다. 팀 씨는 운동을 아주 좋아합니다. 그래서 운동은 모두 잘합니다.

저는 좋은 친구들이 있어서 한국 생활이 즐겁습니다.

1. 제니퍼 옆에 있는 사람은 누구입니까?

2. 제니퍼에게 한국말을 가르쳐 주는 사람은 누구입니까?

3. 제니퍼는 왜 한국 생활이 즐겁습니까?

질문　　똑똑하다　　즐겁다

5 비가 오겠어요

I

제니퍼 지영 씨, 창밖을 좀 보세요. 하늘이 흐려요.

지 영 바람도 많이 부네요. 비가 오겠어요.
제니퍼 씨, 우산 있어요?

제니퍼 아니요, 없어요. 지영 씨는 우산 있어요?

지 영 네. 나는 오늘 아침에 일기예보를 듣고 우산을 준비했어요.
비가 내리면 기숙사에 같이 가요.

제니퍼 네, 고마워요.

대답하세요

1. 날씨가 어때요?
2. 지금 비가 오고 있어요?
3. 두 사람은 우산이 있어요?

단어와 표현

창밖	하늘	흐리다	바람
불다	일기예보	맑다	도시
돈			

◉ 흐리다 (↔ 맑다)

- 하늘이 아주 맑아요.
- 날씨가 흐리고 비가 옵니다.
- 저는 맑은 날씨를 좋아해요.
-

◉ 바람이 불다

- 바람이 많이 붑니다.
- 바람이 불어서 시원해요.
- 부산은 바람이 많이 부는 도시예요.
-

◉ N이/가 있다 (↔ 없다)

- 돈이 없어서 구두를 못 샀어요.
- 상우 씨는 여동생이 있어요?
  - 아니요, 없어요. 그렇지만 누나가 있어요.
-

◉ 비가 내리다(오다), 눈이 내리다(오다)

- 언제 눈이 내려요?
- 어제 비가 내려서 축구를 못 했어요.
- 겨울에는 눈이 많이 오고 아주 춥습니다.
-

문법 A/V-겠-

- 내일은 비가 오겠습니다.
- 주말에는 날씨가 춥겠습니다.
- 아침을 못 먹었어요.
  - 그래요? 배가 많이 고프겠어요.

연 습

1. 〈보기〉와 같이 쓰세요.

보기
(비, 오다)
→ 비가 오겠어요.

1) 

(음식, 맛있다)
→ ______________________.

2) 

(영화, 재미있다)
→ ______________________.

3) 

(밖, 춥다)
→ ______________________.

4) 

(저 옷, 비싸다)
→ ______________________.

5) 

(기분, 좋다)
→ ______________________.

2. 〈보기〉와 같이 대화를 만드세요.

보기

가 : 시간이 없어서 점심을 못 먹었어요.

나 : 배가 고프겠어요.

1) 

가 : 김밥을 만들었어요. 좀 드세요.

나 : ______________________.

2) 

가 : 친구한테서 생일 선물을 받았어요.

나 : ______________________.

3) 

가 : 밖에 눈이 많이 오네요.

나 : ______________________.

4) 

가 : 어제 너무 더워서 잠을 못 잤어요.

나 : ______________________.

함께 해요

♣ 이번 주 일기예보를 보고 날씨를 말해 보세요.

보기

월요일	화요일	수요일	목요일	금요일	토요일	일요일
			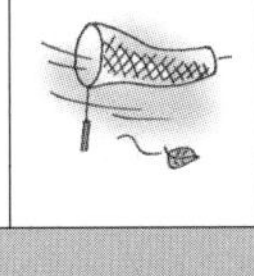			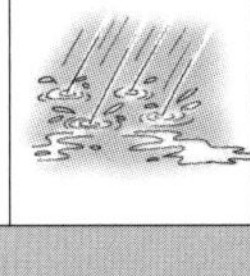

이번 주 날씨입니다.
월요일에는 흐리고
바람이 불겠습니다.

Ⅱ

저는 베트남 유학생 투이라고 합니다. 1년 전에 한국에 왔습니다. 베트남은 아주 더운 나라입니다. 한국보다 더 덥습니다. 저는 한국의 사계절을 참 좋아합니다. 한국의 봄은 따뜻하고 예쁜 꽃이 많이 핍니다. 여름은 덥고 비가 많이 옵니다. 가을은 시원하고 단풍이 예쁩니다. 겨울은 춥고 눈이 옵니다. 눈은 정말 아름답습니다. 그래서 저는 특히 겨울을 더 좋아합니다. 눈이 내리면 친구들과 같이 설악산에 눈 구경을 갈 겁니다.

대답하세요

1. 한국의 사계절은 어떻습니까?
2. 투이는 특히 무슨 계절을 좋아합니까?
3. 투이는 눈이 내리면 무엇을 하려고 합니까?

단어와 표현

더	사계절	피다	단풍
특히	설악산	목걸이	반지
문법			

◉ 특히

- 소영 씨는 특히 무슨 노래를 좋아해요?
- 여름에는 특히 바다에 사람들이 많습니다.
- 한국어 공부가 어려워요. 특히 문법이 어려워요.
-

◉ 더 V

- 아주머니, 물 좀 더 주세요.
- 팀 씨가 안 왔어요. 10분 더 기다립시다.
- 무슨 과일을 더 살까요?
  - 포도를 더 삽시다.
-

◉ N을/를 가다

- 같이 시내 구경을 갈까요?
- 가을에 제주도로 여행을 가려고 해요.
- 투이 씨는 친구들과 같이 등산을 갔어요.
-

문법 1 N보다 더

- 오늘은 어제보다 더 추워요.
- 농구보다 축구를 더 잘해요.
- 아사코 씨는 여름을 좋아해요? 겨울을 좋아해요?
  - 저는 여름보다 겨울을 더 좋아해요.

연 습

1. 〈보기〉와 같이 대화를 만드세요.

보기

가 : 뭐가 더 매워요?

나 : 김치찌개가 비빔밥보다 더 매워요.

1)

가 : 무슨 음식이 더 맛있어요?

나 : ______________________.

2)

가 : 어디가 더 복잡해요?

나 : ______________________.

3)

가 : 운동화가 비싸요? 구두가 비싸요?

나 : ______________________.

4)

가 : 어느 계절이 더 좋아요?

나 : ______________________.

문법 2 A/V-(으)ㄹ 것이다

- 수업이 끝나면 점심을 먹을 겁니다.
- 요즘 도서관에 학생들이 많을 것입니다.
- 이번 방학에 무엇을 할 겁니까?
  - 여행을 갈 거예요.

연습

1. 〈보기〉와 같이 대화를 만드세요.

보기

가 : 이번 일요일에 무엇을 할 겁니까?
나 : 등산을 할 겁니다.

1)

가 : 내일 어디에 갈 겁니까?
나 : ______________________.

2)

가 : 언제 박물관에 갈 겁니까?
나 : ______________________.

3)

가 : 오후에 누구를 만날 겁니까?
나 : ______________________.

4)

가 : 오늘 저녁에 무엇을 할 겁니까?
나 : ______________________.

5)

가 : 주말에 무엇을 할 겁니까?
나 : ______________________.

종합연습

1. 〈보기〉와 같이 질문에 대답하세요.

> 보기 가 : 케이크 좀 드세요.
> 나 : 맛있겠어요.

1) 가 : 밖에 바람이 많이 불어요.
   나 : ______________________.

2) 가 : 내 방에는 에어컨이 없어요.
   나 : ______________________.

3) 가 : 가방 안에 큰 사전이 있어요.
   나 : ______________________.

4) 가 : 한국어를 3년 동안 공부했어요.
   나 : ______________________.

2. 〈보기〉와 같이 질문에 대답하세요.

> 보기 가 : 무슨 운동이 더 재미있어요? (수영, 축구)
> 나 : 수영이 축구보다 더 재미있어요.

1) 가 : 무슨 과일이 더 좋아요? (바나나, 포도)
   나 : ______________________.

2) 가 : 무슨 음식이 더 맛있어요? (불고기, 비빔밥)
   나 : ______________________.

3) 가 : 어느 나라가 더 커요? (중국, 호주)
   나 : ______________________.

4) 가 : 뭐가 더 어려워요? (영어, 한국어)
   나 : ______________________.

3. 친구와 같이 이야기해 보세요.

	나	친구
1) 봄이 좋아요? 가을이 좋아요?		
2) 시험이 싫어요? 숙제가 싫어요?		
3) 말하기가 어려워요? 듣기가 어려워요?		
4) 토요일을 좋아해요? 일요일을 좋아해요?		
5) ______________________?		

4. 〈보기〉와 같이 쓰세요.

보기

가 : 이번 주말에 무엇을 할 겁니까?

나 : 수영장에 가서 수영을 할 겁니다.

1)

가 : 점심에 무엇을 먹을 겁니까?

나 : ______________________.

2)

가 : 언제 시험을 볼 겁니까?

나 : ______________________.

3)

가 : 주말에 무엇을 할 겁니까?

나 : ______________________.

4)

가 : 어디로 여행을 갈 겁니까?

나 : ______________________.

5. 잘 듣고 맞는 답을 고르세요.

1) ① 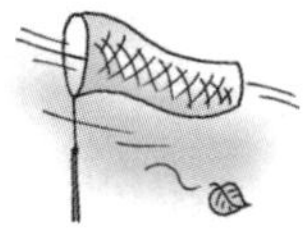 ②  ③  ④ 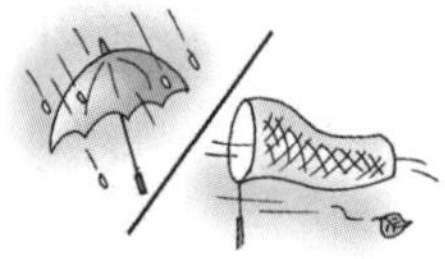

2) ①  ② 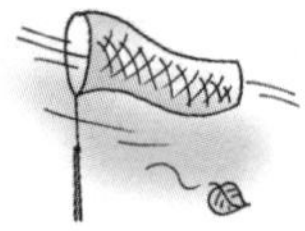 ③  ④ 

3) ① 서울 ② 대구 ③ 부산 ④ 제주도

6. 상우 씨는 대학교 졸업 후에 무엇을 할 겁니까? 그림을 보고 써 보세요.

상우 씨는 졸업 후에 회사에서 일을 할 겁니다. 그리고 ____________

읽기

♣ 다음 글을 잘 읽고 질문에 대답해 보세요.

나와 내 남자 친구는 2년 전에 버스 정류장에서 처음 만났습니다. 우리는 매일 같은 버스를 타고 대학교에 다녔습니다. 며칠 전에 내 남자 친구는 나에게 꽃과 반지를 주면서 프러포즈를 했습니다.

지금 내 남자 친구는 대학교를 졸업하고 유학을 준비하고 있습니다. 내가 내년에 졸업을 하면 우리는 같이 프랑스로 유학을 가려고 합니다. 거기에서 나는 프랑스 요리를 공부하고 남자 친구는 영화를 공부할 겁니다. 유학 생활이 어렵겠지만 남자 친구와 함께 있으면 행복할 겁니다.

5년 후에 공부가 끝나면 다시 한국에 돌아오려고 합니다. 나는 프랑스 식당에서 일하고 남자 친구는 좋은 영화를 만들 겁니다.

1. 맞으면 ○, 틀리면 ×하세요.
   1) '나'와 '남자 친구'는 대학교에서 처음 만났습니다. (　　)
   2) 지금 '남자 친구'는 프랑스 유학을 준비하고 있습니다. (　　)
   3) '나'는 프랑스에 있는 식당에서 일할 겁니다. (　　)
   4) 두 사람은 5년 후에 프랑스로 갈 겁니다. (　　)

2. '나'는 대학교를 졸업하면 무엇을 하려고 합니까?

3. 두 사람은 5년 후에 무엇을 할 것입니까?

정류장	프러포즈	유학	행복하다

6 기차표를 예매해야 하지요?

I

왕단 소영 씨, 어젯밤에 전화했어요?

소영 네, 전화했어요.

왕단 어제 일찍 자서 전화를 못 받았어요. 무슨 일이에요?

소영 왕단 씨, 부산 해운대에 가고 싶어했지요?
내일 같이 갈까요?

왕단 좋아요. 몇 시에 갈까요?

소영 아침 일찍 갑시다.

왕단 그래요. 그런데 기차표를 예매해야 하지요?

소영 네, 주말이니까 빨리 예매합시다.

대답하세요

1. 왕단은 어제 왜 전화를 못 받았어요?
2. 왕단은 어디에 가고 싶어했어요?
3. 소영과 왕단은 언제 가려고 해요?

단어와 표현

어젯밤 일찍 해운대 예매하다
늦게

◉ 일찍 (↔ 늦게)

- 내일은 십 분 일찍 오세요.
- 내일은 학교에 일찍 갈 거예요.
- 어젯밤에 늦게 집에 갔어요?
  - 아니요, 일찍 집에 갔어요.
-

◉ 무슨 일이에요?

- 어젯밤에 전화했어요? 무슨 일이에요?
- 백화점 앞에 사람들이 많네요. 무슨 일이에요?
- 상우 씨는 오늘 학교에 안 올 거예요.
  - 왜요? 무슨 일이에요?
-

◉ V-고 싶어하다

- 팀 씨는 부모님을 보고 싶어해요.
- 투이 씨는 한국 음식을 먹고 싶어해요.
- 제니퍼 씨는 여름 방학에 무엇을 하고 싶어해요?
  - 제니퍼 씨는 한국 요리를 배우고 싶어해요.
-

문법 A/V-지요?

- 밖에 비가 오지요?
- 한국어가 어렵지요?
- 상우 씨 동생은 노래를 잘하지요?
- 어제 많이 바빴지요?
  - 네, 바빴어요.

연 습

1. 〈보기〉와 같이 쓰세요.

> 보기 (학교, 가다) → 내일 학교에 가지요?

1) (팀 씨, 한국어 배우다) → ______________________?

2) (대학교, 입학하다) → 내년에 ______________________?

3) (시내, 복잡하다) → 지금 ______________________?

4) (그 드라마, 재미있다) → ______________________?

5) (친구, 만나다) → 어제 ______________________?

6) (편지, 쓰다) → 부모님께 ______________________?

7) (한국, 오다) → 일주일 전에 ______________________?

8) (대구, 살다) → 지금 ______________________?

2. 〈보기〉와 대화를 만드세요.

보기

가 : 저 식당의 불고기가 맛있었지요?

나 : 네, 정말 맛있었어요.

1) 

가 : 백화점에 사람이 ____________________?

나 : 네, 너무 많아요.

2) 

가 : 어제 날씨가 ____________________?

나 : 네, 어제 날씨가 좋았어요.

3) 

가 : 제니퍼 씨도 극장에 ____________________?

나 : 네, 제니퍼 씨도 갔어요.

4) 

가 : 지금 밖에 비가 ____________________?

나 : 아니요. 비가 안 와요.

5) 

가 : 어제 그 드라마 ____________________?

나 : 네, 재미있었어요.

6) 

가 : 한 달 전에 한국에 ____________________?

나 : 아니요, 이 주일 전에 한국에 왔어요.

II

왕단 소영 씨, 기차표 예매했어요?
소영 아니요. 지금 인터넷으로 예매하려고 해요.
왕단 한 시에 출발하는 기차가 있어요?
소영 잠깐만요. 네, 있어요.
왕단 부산까지 얼마나 걸려요?
소영 KTX는 2시간 걸리는데 새마을호는 4시간 걸려요.
왕단 그럼, KTX 표를 두 장 예매해요.
소영 네, 그래요.

대답하세요

1. 몇 시 기차표를 사려고 해요?
2. 왕단과 소영은 기차표를 어떻게 사려고 해요?
3. KTX로 부산까지 얼마나 걸려요?

단어와 표현

인터넷	(으)로	출발하다	새마을호
글씨	젓가락		

◉ N(으)로

- 볼펜으로 글씨를 썼어요.
- 라면은 젓가락으로 드세요.
- 요즘은 디지털 카메라로 사진을 찍어요.
-

◉ 출발하다 (↔ 도착하다)

- 이 기차는 오전 10시에 서울을 출발해서 오후 2시에 부산에 도착합니다.
- 언제 출발해요?
  - 2시에 출발해요.
- 몇 시에 도착해요?
  - 오후 7시에 도착할 거예요.
-

◉ 잠깐만요

- 잠깐만요. 같이 가요.
- 여보세요. 투이 씨 있어요?
  - 네, 있어요. 잠깐만요.
- 빨리 출발합시다.
  - 잠깐만요. 민지 씨가 안 왔어요.
-

문법 A/V-(으)ㄴ/는데, N인데

- 교실은 더운데 휴게실은 추워요.
- 저는 국수는 먹는데 라면은 안 먹어요.
- 어제는 아주 피곤했는데 오늘은 안 피곤해요.
- 나는 서울 사람인데 내 여자 친구는 부산 사람이에요.

연습

1. 〈보기〉와 같이 쓰세요.

> 보기 상우 씨는 부산에 가요. 저는 안 가요
> → 상우 씨는 부산에 가는데 저는 안 가요.

1) 일요일은 바빠요. 월요일은 안 바빠요.

→ ______________________________.

2) 백화점에는 사람이 많아요. 시장에는 사람이 없어요.

→ ______________________________.

3) 내 방은 작아요. 창문은 커요.

→ ______________________________.

4) 저는 쓰기는 잘해요. 말하기는 못해요.

→ ______________________________.

5) 어제는 비가 왔어요. 오늘은 비가 안 와요.

→ ______________________________.

6) 저는 녹차를 좋아해요. 친구는 커피를 좋아해요.

→ ______________________________.

2. 〈보기〉와 같이 쓰세요.

보기 가 : 책이 많네요. 모두 상우 씨 책이에요?
나 : (저것, 상우 씨 책 / 이것, 상우 씨 누나 책)
아니요. 저것은 상우 씨 책인데 이것은 상우 씨 누나 책이에요.

1) 가 : 옷을 많이 샀네요. 모두 제니퍼 씨 옷이에요?
나 : (바지, 내 옷 / 치마, 언니 옷)
아니요, ________________________.

2) 가 : 오늘도 드라마 '내 남자'를 봤어요?
나 : (어제, 보다 / 오늘, 안 보다)
아니요, ________________________.

3) 가 : 소영 씨도 부산에 가요?
나 : (나, 가다 / 소영, 안 가다)
아니요, ________________________.

4) 가 : 이번 방학에 고향에 가요?
나 : (지난 방학, 안 가다 / 이번 방학, 가다)
네, ________________________.

함께 해요

♣ 친구와 이야기해 보세요.

① 오늘 청소했어요?	보기 어제는 방청소를 했는데 오늘은 안 했어요.
② 무엇을 잘해요? 무엇을 잘 못해요?	
③ 지금 기분이 어때요?	
④ 오늘 친구를 만나요?	
⑤ 오늘도 머리가 아파요?	

종합연습

1. 〈보기〉와 같이 대화를 만드세요.

보기

가 : 냉면을 <u>좋아하지요?</u>

나 : 네, 좋아해요.

1)

가 : 친구 생일이 ______________________?

나 : 네, 수요일입니다.

2)

가 : 많이 ______________________?

나 : 아니요. 조금 전에 왔어요.

3)

가 : 이 영화 ______________________?

나 : 네, 아주 재미있어요.

4)

가 : 여보세요? 거기 ______________________?

나 : 네, 병원입니다.

5)

가 : ______________________?

나 : 네, 아주 아름다워요.

2. 〈보기〉와 같이 문장을 만드세요.

보기

과일은 샀는데 생선은 못 샀어요.

1)

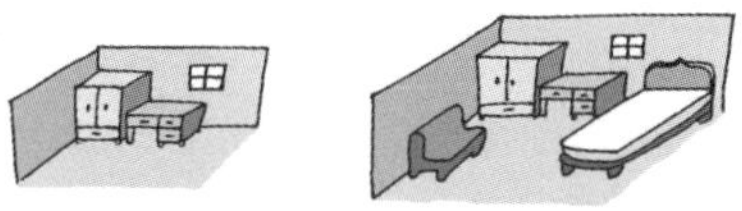

소영 씨 방　　언니 방

소영 씨 방은 작은데 ______________.

2)

비빔밥은 좋아하는데 ______________.

3)

아침은 먹었는데 ______________.

4)

녹차는 마시는데 ______________.

5)

주말극장에는 사람이 많은데

______________.

6)

오전　　오후

오전에는 시간이 있는데 ______________.

3. 〈보기〉와 같이 쓰세요.

> **보기** 나, 영화 / 친구, 뮤지컬
> → 나는 영화를 보고 싶어요.
> → 친구는 뮤지컬을 보고 싶어해요.
> → 나는 영화를 보고 싶은데 친구는 뮤지컬을 보고 싶어해요.

1) 나, 불고기 / 동생, 비빔밥

→ ____.

→ ____.

→ ____.

2) 나, 일본어 / 팀, 한국어

→ ____.

→ ____.

→ ____.

3) 나, 수영하다 / 에릭, 농구하다

→ ____.

→ ____.

→ ____.

4. 잘 듣고 맞는 답을 고르세요.

1) ① 25일 아침 7시, 서울　　② 25일 저녁 7시, 서울
③ 20일 아침 7시, 부산　　④ 20일 저녁 7시, 부산

2) 맞으면 ○, 틀리면 ×하세요.

① 소영은 새마을호와 KTX 표를 샀어요. (　　)

② 소영은 대구에서 출발할 거예요. (　　)

③ 소영은 새마을호를 타고 서울에 갈 거예요. (　　)

읽기

♣ 다음 글을 잘 읽고 질문에 대답해 보세요.

나는 기차 여행을 좋아합니다. 기차에서 보는 창밖의 경치는 아주 아름답습니다. 기차에서 마시는 커피는 정말 맛있습니다. 그리고 기차 안에서 모르는 사람과 이야기하면 참 재미있습니다. ___㉠___ 나는 시간이 있으면 혼자 기차 여행을 합니다.

지난 주말에도 나는 기차를 타고 동해로 갔습니다. 아침에 동해의 해를 보고 싶었습니다. 기차에는 사람들이 많았습니다. 학생들도 있었고 부모와 함께 여행하는 아이도 있었습니다. 내 옆에는 귀여운 남자 아이가 앉았습니다. 나는 한국말을 잘 못하는데 그 아이는 나와 이야기하고 싶어했습니다. 그래서 나는 사전을 보면서 말하고 그 아이는 아주 천천히 말했습니다. 시간이 좀 걸렸지만 우리는 많은 이야기를 했습니다.

우리는 동해까지 함께 갔습니다. 날씨가 흐려서 아침 해를 못 보았지만 그 아이 때문에 기분이 좋았습니다. 우리는 나이도 다르고 나라도 다르지만 함께 이야기할 수 있는 친구였습니다. 그 아이와 다시 만나면 내 고향과 가족 이야기를 해 주고 싶습니다.

1. ㉠에 알맞은 말은 무엇입니까?

① 그리고 ② 그렇지만 ③ 그래서 ④ 그런데

2. '나'는 기차 안에서 무엇을 했습니까?

3. '나'는 왜 기차 여행을 좋아합니까?

① 기차는 버스보다 빠릅니다.
② 기차에서 사람들을 구경합니다.
③ 기차에서 마시는 커피가 맛있습니다.
④ 기차에서 친구들과 이야기할 수 있습니다.

경치 동해 해

7 영화표가 있을까요?

I

소영 투이 씨, 저녁에 영화 볼까요?

투이 재미있는 영화가 있어요?

소영 네. 사람들이 요즘 '미녀는 괴로워'를 많이 봐요.

투이 영화 제목이 재미있네요. 코미디 영화예요?

소영 네. 뚱뚱한 여자 주인공이 유명한 가수가 되는 이야기예요.

투이 그래요? 재미있겠어요. 빨리 보고 싶어요.
그런데 영화표가 있을까요?

소영 마지막 회 표는 있을 거예요. 내가 예매할까요?

대답하세요

① 소영과 투이는 무슨 영화를 보려고 해요?

② 두 사람은 마지막 회 영화를 볼 수 있을까요?

단어와 표현

미녀	괴롭다	제목	코미디
주인공	유명하다	이야기	마지막
회	영화배우		

◉ N이/가 되다

- 저는 유명한 영화배우가 될 거예요.
- 소영 씨는 선생님이 되고 싶어해요.
- 동생이 대학생이에요?
  - 아니요. 내년에 대학생이 돼요.
-

◉ 마지막

- 마지막 기차가 출발했어요.
- 내일 마지막 시험이 있어요.
- 오늘도 수업이 있어요?
  - 네, 오늘이 마지막 수업이에요.
-

조금 더 공부해요

코미디 영화

멜로 영화

액션 영화

공포 영화

문법 1 A/V-(으)ㄹ까요?

- 내일 날씨가 좋을까요?
- 두 시에 팀 씨가 올까요?
- 에릭 씨가 이 선물을 좋아할까요?
  - 네, 좋아할 거예요.

연 습

1. 〈보기〉와 같이 쓰세요.

> 보기 (내일 비가 오다)
> 가 : 내일 비가 올까요?
> 나 : 아니요, 안 올 거예요.

1) (한국어가 재미있다)

가 : ______________________________?

나 : 네, ______________________________.

2) (불고기가 맛있다)

가 : ______________________________?

나 : 네, ______________________________.

3) (도서관에 학생이 많다)

가 : ______________________________?

나 : 아니요, ______________________________.

4) (그 사람이 나를 좋아하다)

가 : ______________________________?

나 : 네, ______________________________.

문법 2 V-(으)ㄹ까요?

• 제가 과일을 씻을까요?
 – 네, 씻으세요.
• 더우면 문을 열까요?
 – 네, 여세요.
• 내가 도와줄까요?
 – 네, 좀 도와주세요.

연 습

1. 〈보기〉와 같이 쓰세요.

> 보기 (내일 가다)
> 가 : 내일 갈까요?
> 나 : 네, 내일 오세요.

1) (제가 요리하다)
 가 : ______________________________?
 나 : 네, ______________________________.

2) (제가 청소하다)
 가 : ______________________________?
 나 : 네, ______________________________.

3) (내가 노래하다)
 가 : ______________________________?
 나 : 아니요, ______________________________.

4) (내가 전화하다)
 가 : ______________________________?
 나 : 네, ______________________________.

II

소영 투이 씨, 영화가 어땠어요?

투이 재미있었어요. 많이 웃고 많이 울었어요.

소영 나는 마지막 장면이 가장 좋았어요. 투이 씨는 어땠어요?

투이 나도 여자 주인공이 울면서 노래하는 장면이 좋았어요.

소영 주인공의 말을 모두 이해했어요?

투이 아니요. 나에게는 조금 어려운 영화였어요. 그렇지만 재미있었어요. 소영 씨, 그 노래를 배우고 싶은데 어려울까요?

소영 아니에요. 그 노래는 어렵지 않을 거예요.

대답하세요

1. 투이는 영화가 어땠어요?
2. 소영은 어떤 장면이 좋았어요?
3. 투이는 영화를 보고 무엇을 하고 싶어해요?

단어와 표현

울다	장면	가장	제일
빌리다	건강		

◉ 가장(제일)

- 누가 가장 일찍 왔어요?
- 나는 바나나가 제일 맛있어요.
- 마지막 장면이 가장 슬펐어요.
-

◉ 아니에요

- 내년에 졸업하지요?
  – 아니에요. 2년 후에 졸업해요.
- 방학 동안 미국에 있었지요?
  – 아니에요. 방학 동안 일본에 있었어요.
-

◉ N에게(에) 어렵다(쉽다, 좋다, 나쁘다)

- 이 문제는 외국 사람에게 어려워요.
- 이 책을 빌릴까요? 팀 씨한테 쉬울 거예요.
- 저에게 감기에 좋은 약이 있어요.
- 담배와 술은 건강에 나빠요.
-

문법 A/V-(으)ㄴ/는데, N인데

- 숙제를 했는데 어려웠어요.
- 오늘은 피곤한데 좀 쉽시다.
- 비가 오는데 어떻게 하지요?
- 한국어를 배우고 싶은데 가르쳐 줄 수 있어요?
- 이것은 내 가방인데 작년에 친구한테서 선물 받았어요.

연 습

1. 〈보기〉와 같이 쓰세요.

> 보기 내일 시험이 있어요. 공부를 못 했어요.
> → 내일 시험이 있는데 공부를 못 했어요.

1) 숙제를 해요. 친구에게서 전화가 왔어요.

→ ______________________________.

2) 혼자 살아요. 방이 커요.

→ ______________________________.

3) 집에서 쉬고 있어요. 친구가 왔어요.

→ ______________________________.

4) 배가 고파요. 뭐 먹을까요?

→ ______________________________?

5) 불고기를 먹었어요. 정말 맛있었어요.

→ ______________________________.

6) 시내에 갔어요. 사람이 많았어요.

→ ______________________________.

2. 〈보기〉와 같이 대화를 만드세요.

> **보기** (내일 도서관에 가다 / 같이 가다)
> 가 : 내일 도서관에 가는데 같이 갈까요?
> 나 : 네, 같이 갑시다.

1) (김밥이 맛있다 / 같이 먹다)

가 : ______________________________?

나 : 네, ______________________________.

2) (내일은 바쁘다 / 모레 만나다)

가 : ______________________________?

나 : 네, ______________________________.

3) (날씨가 좋다 / 공원에서 산책하다)

가 : ______________________________?

나 : 네, ______________________________.

4) (오늘 저녁에 축구 경기가 있다 / 같이 가다)

가 : ______________________________?

나 : 네, ______________________________.

함께 해요

♣ 친구와 이야기해 보세요.

	나	친구
① 무슨 영화가 가장 슬펐어요?		
② 무슨 음식이 제일 맛있었어요?		
③ 누구를 가장 좋아해요?		
④ 누가 제일 예뻐요?		
⑤ 누가 가장 친절해요?		

종합연습

1. 〈보기〉와 같이 쓰세요

> **보기** 비가 오는데 상우 씨는 축구를 해요.

1) 날씨가 좋은데 ________________.

2) 학교에 갔는데 ________________.

3) 친구에게 전화를 하는데 ________________.

4) 혼자 집에 있는데 ________________.

5) 영화를 보는데 ________________.

6) 친구를 만났는데 ________________.

7) 목욕을 하는데 ________________.

8) 친구 집에 갔는데 ________________.

9) 어제 옷을 샀는데 ________________.

10) 이 사람은 내 남자 친구인데 ________________.

11) 아침에 밥을 먹는데 ________________.

12) 주말에 여자 친구를 만났는데 ________________.

2. 내용에 맞게 문장을 완성하세요.

상우 다음 주부터 방학인데 우리 어디로 여행 갈까요?
왕단 제주도가 어때요?
상우 좋아요. 제주도로 갑시다.
그런데 배를 타고 갈까요? ______________________?
왕단 비행기를 타고 갑시다.
상우 그래요. 그럼 언제 ______________?
왕단 주말이 어때요?
상우 네, 좋아요. 비행기 표는 제가 _____________?
왕단 네, 상우 씨가 예매하세요. 어느 호텔이 좋을까요?
상우 친구가 제주도에 사는데 좋은 호텔을 알고 있을 거예요.
왕단 그래요? 그럼 그 친구에게 물어 보세요. 그런데 우리 제주도에
가서 무엇을 ______________?
상우 제주도에 가서 _______________________________.
왕단 좋아요. 빨리 제주도에 가고 싶어요.

3. 알맞은 단어를 골라 문장에 맞게 쓰세요.

빌리다	유명하다	울다	웃다

1) 왜 코미디 영화를 좋아해요?
– 많이 (   ) 수 있어서 좋아해요.

2) 그 영화의 남자 주인공은 아주 (   ).

3) 배가 고픈 아기가 (   )고 있어요.

4) 지금 읽고 있는 책을 누구한테서 (   )?

4. 잘 듣고 맞는 답을 고르세요.

1) ① 부산으로 가는 비행기 표　　② 부산으로 가는 배 표
③ 일본으로 가는 비행기 표　　④ 일본으로 가는 배 표

2) 맞으면 ○, 틀리면 ×하세요.

① 에릭은 작년에 고향에 갔어요. (　　)

② 에릭은 친구들과 함께 여행을 하고 싶어해요. (　　)

③ 에릭은 이번 방학에 일본에 갈 거예요. (　　)

④ 요즘은 비행기 표가 비싸지 않아요. (　　)

5. 그림을 보고 말하세요.

가다	보다	닫다	열다	주다	도와주다

1)

2)

3)

4)

읽기

♣ 다음 글을 잘 읽고 질문에 대답해 보세요.

직원 어서 오세요.
소영 '미녀는 괴로워' 오후 3시 표 있어요?
직원 죄송합니다. 오후 3시 표는 매진이에요.
소영 그럼 몇 시 표가 있어요?
직원 저녁 7시 표가 있어요. 제일 앞자리인데 괜찮아요?
소영 네, 괜찮아요.
직원 몇 분이세요?
소영 어른 두 명하고 초등학생 두 명이에요.
직원 초등학생은 5,000원이고 어른은 7,000원이에요. 모두 24,000원이에요.
소영 여기 30,000원 있어요.
직원 네, 거스름돈 받으세요. 감사합니다.

1. 소영 씨는 처음에 몇 시 영화를 보려고 했습니까?

2. 소영 씨는 왜 저녁 7시 영화를 예매했습니까?

3. 맞으면 ○, 틀리면 ×하세요.
   1) 소영 씨는 제일 앞자리에서 영화를 봐야 합니다. (   )
   2) 소영 씨는 전화로 영화표를 예매했습니다. (   )
   3) 소영 씨는 영화표 네 장을 샀습니다. (   )
   4) 소영 씨는 오후 세 시 영화를 볼 겁니다. (   )

매진	앞자리	어른	초등학생	거스름돈

8 환전하러 왔어요

I

직 원 어서 오십시오. 무엇을 도와 드릴까요?

제니퍼 환전하러 왔어요. 달러를 한국 돈으로 바꾸고 싶어요.

직 원 얼마를 바꿔 드릴까요?

제니퍼 300달러요. 그런데 오늘은 1달러에 얼마예요?

직 원 1달러에 950원이에요.

제니퍼 지난달보다 많이 내렸네요. 200달러만 바꿔 주세요.

직 원 네, 알겠습니다. 잠깐만 기다리세요.

대답하세요

1. 제니퍼는 무엇을 하려고 해요?
2. 오늘은 1달러에 얼마예요?
3. 제니퍼는 얼마를 환전해요?

단어와 표현

환전하다	달러	바꾸다	내리다
만	잔돈	비밀번호	

◉ N(으)로 바꾸다

- 구두를 운동화로 바꾸고 싶어요.
- 이 옷을 큰 옷으로 바꿔 줄 수 있어요?
-

◉ N요

- 언제 고향에 갈 거예요?
  - 내일요.
- 좋아하는 한국 음식이 뭐예요?
  - 불고기요.
-

◉ N만

- 잔돈이 있으면 오백 원만 좀 빌려 주세요.
- 서점에 가서 책을 많이 샀어요?
  - 아니요, 한국어 책 한 권만 샀어요.
-

◉ 알겠다

- 내일 2시까지 오세요.
  - 네, 알겠습니다.
- 여기에 이름과 비밀번호를 써 주세요.
  - 네, 알겠어요.
-

문법 1 V-(으)러 가다, V-(으)러 오다

- 한국어를 공부하러 왔어요.
- 영화를 보러 시내에 갈까요?
- 어디에 가요?
  - 밥 먹으러 식당에 가요.

연 습

1. 〈보기〉와 같이 쓰세요.

> **보기** 가 : 서점에 왜 가요?
> 나 : (책, 사다) 책을 사러 서점에 가요.

1) 가 : 시내에 왜 가요?
   나 : (친구, 만나다) ______________________.

2) 가 : 스포츠센터에 왜 갔어요?
   나 : (운동하다) ______________________.

3) 가 : 시장에 왜 가요?
   나 : (구두, 사다) ______________________.

4) 가 : 매점에 왜 가요?
   나 : (우유, 사다) ______________________.

5) 가 : 왜 우체국에 가요?
   나 : (편지, 보내다) ______________________.

6) 가 : 왜 한국에 왔어요?
   나 : (한국어, 배우다) ______________________.

문법 2 V-아/어 주다, V-아/어 드리다

- 어머니께 가방을 사 드릴 거예요.
- 동생에게 영어를 가르쳐 주었어요.
- 뭘 도와 드릴까요?
  - 숙제를 좀 도와주세요.

연 습

1. 〈보기〉와 같이 쓰세요.

> **보기** (어머니, 할머니, 책, 읽다)
> → 어머니는 할머니께 책을 읽어 드렸어요.

1) (나, 할아버지, 안경, 사다)

→ ________________________________.

2) (나, 내 친구, 떡볶이, 만들다)

→ ________________________________.

3) (상우, 동생, 태권도, 가르치다)

→ ________________________________.

4) (제니퍼, 부모님, 사진, 찍다)

→ ________________________________.

5) (어머니, 할머니, 옷, 사다)

→ ________________________________.

6) (선생님, 나, 한국어 책, 빌리다)

→ ________________________________.

II

소영 팀 씨, 어디에 가요?

팀 은행에 가요.

소영 은행에는 왜요?

팀 지난주에 찾은 돈을 다 썼어요. 그래서 돈을 찾아야 해요.

소영 학생회관에 있는 현금지급기에서 돈을 찾을 수 있어요.

팀 가르쳐 줘서 고마워요. 그런데 현금카드도 만들어야 해요. 그래서 은행에 가야 해요.

대답하세요

1. 팀은 왜 은행에 가요?
2. 어디에서 돈을 찾을 수 있어요?
3. 팀은 은행에 가서 무엇을 해야 해요?

단어와 표현

찾다	다	쓰다	학생회관
현금지급기(ATM)	현금카드	용돈	

◉ N은/는 왜요?

- 꽃을 사야 해요.
  - 꽃은 왜요?
- 어제 서울에 갔어요.
  - 서울에는 왜요?
-

◉ 다 V

- 숙제 했어요?
  - 네, 다 했어요.
- 학생들이 다 왔어요?
  - 네, 다 왔어요.
-

◉ 쓰다

- 이 사전을 쓰세요.
- 내 컴퓨터를 쓰지 마세요.
- 주말에 용돈을 모두 썼어요.
  - 그래요? 뭘 샀어요?
-

조금 더 공부해요

통장

현금카드

신분증

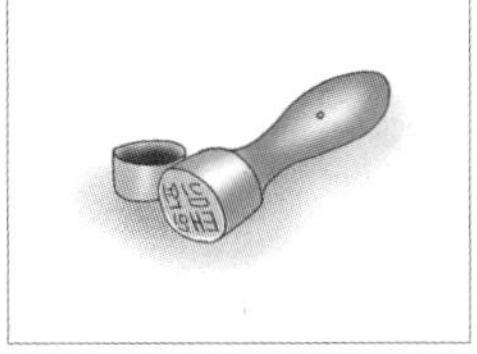
도장

문법 V-(으)ㄴ N

- 어제 읽은 책이 재미있었어요.
- 그 영화는 일주일 전에 본 영화예요.
- 어제 저녁에 뭘 먹었어요?
  - 친구가 만든 만두를 먹었어요.

연습

1. 〈보기〉와 같이 쓰세요.

> **보기** (보다, 영화, 재미있다)
> → 어제 본 영화가 재미있었어요.

1) (읽다, 책, 어렵다)
   → 지난 주 ______________________.

2) (사다, 옷, 예쁘다)
   → 작년에 ______________________.

3) (먹다, 사과, 맛있다)
   → 아침에 ______________________.

4) (듣다, 노래, 좋다)
   → 어제 ______________________.

5) (만나다, 사람, 친절하다)
   → 어제 ______________________.

6) (마시다, 커피, 맛있다)
   → 아침에 ______________________.

2. 〈보기〉와 같이 쓰세요.

보기 가 : 지난 시간에 무슨 노래를 배웠지요? (한국 노래)
나 : 지난 시간에 배운 노래는 한국 노래예요.

1) 가 : 어제 학교 앞에서 누구를 만났어요? (마이클)
나 : ______________________________.

2) 가 : 지난 주말에 상우 씨와 같이 무슨 음식을 먹었어요? (비빔밥)
나 : ______________________________.

3) 가 : 조금 전에 무슨 주스를 마셨어요? (오렌지 주스)
나 : ______________________________.

4) 가 : 한 시간 전에 누가 출발했어요? (제니퍼)
나 : ______________________________.

함께 해요

♣ 친구들과 이야기해 보세요.

1. 오늘 아침 6시 전에 __________ 사람은 누구예요? (일어나다)
2. 오늘 아침에 밥을 안 __________ 사람은 누구예요? (먹다)
3. 지난 주말에 한국 드라마를 __________ 사람은 누구예요? (보다)
4. 어제 공부를 안 하고 __________ 사람은 누구예요? (쉬다)
5. 오늘 아침에 __________ 사람은 누구예요? (운동하다)
6. 제일 많이 __________ 사람은 누구예요? (결석하다)

종합연습

1. 〈보기〉와 같이 쓰세요.

보기 수영을 하러 수영장에 가요.

1) ______________________ 체육관에 가요.

2) ______________________ 시내에 가요.

3) ______________________ 한국에 왔어요.

4) ______________________ 도서관에 가요.

5) ______________________ 매점에 갔어요.

2. 그림을 보고 이야기해 보세요.

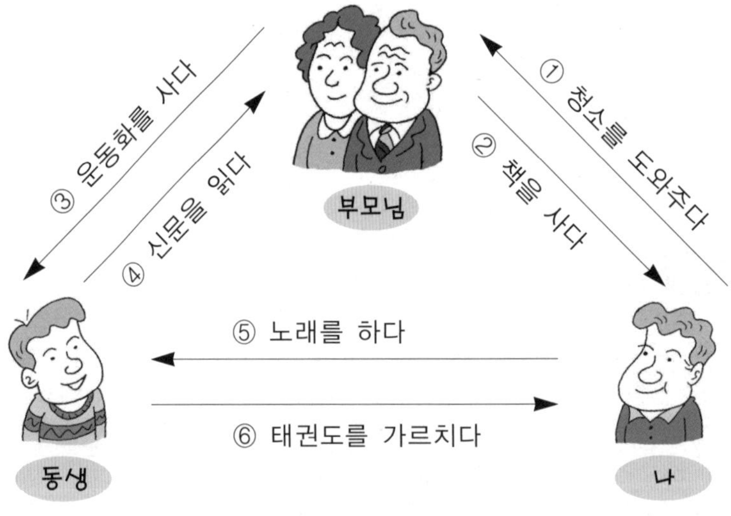

① 나는 어머니께 청소를 ______________________.

② 부모님은 저에게 책을 ______________________.

③ 어머니는 동생에게 운동화를 ______________________.

④ 동생은 아버지께 신문을 ______________________.

⑤ 나는 동생에게 노래를 ______________________.

⑥ 동생은 나에게 태권도를 ______________________.

3. 〈보기〉와 같이 쓰세요.

> **보기** 어제 친구를 만났습니다. 그 친구는 대학생입니다.
> → 어제 만난 친구는 대학생입니다.

1) 어제 해운대에 갔어요. 해운대는 부산에 있어요.

→ ______________________________.

2) 조금 전에 음악을 들었어요. 그 음악은 한국 노래예요.

→ ______________________________.

3) 주말에 선물을 샀어요. 그 선물을 친구에게 주었어요.

→ ______________________________.

4) 점심시간에 비빔밥을 먹었어요. 비빔밥은 아주 맛있었어요.

→ ______________________________.

5) 어제 프랑스에서 친구가 왔어요. 그 친구 이름은 에릭이에요.

→ ______________________________.

6) 어제 그 책을 읽었어요. 그 책은 어려웠어요.

→ ______________________________.

7) 오후에 한라산을 구경했어요. 한라산은 좋았어요.

→ ______________________________.

8) 친구가 만두를 만들었어요. 그 만두는 맛있었어요.

→ ______________________________.

9) 어제 사진을 찍었어요. 그 사진을 보았어요.

→ ______________________________.

4. 잘 듣고 맞는 답을 고르세요.

1) ① 통장을 만들려고　　② 도장을 만들려고
③ 편지를 보내려고　　④ 돈을 찾으려고

2) 맞으면 ○, 틀리면 ×하세요.
① 남자는 신분증과 도장이 있어요. (　　)
② 남자는 현금카드도 만들었어요. (　　)
③ 남자는 현금지급기에서 돈을 찾았어요. (　　)

5. 여러분은 어떻게 할 거예요? 친구들과 이야기해 보세요.

	나	친구
1) 부모님 생신이에요.	미역국을 만들어 드릴 거예요.	
2) 친구가 아파서 학교에 못 왔어요.		
3) 친구를 만났는데 돈이 없어요.		
4) 아이가 울고 있어요.		
5) 오늘은 여자/남자 친구의 생일이에요.		
6) 내일은 친구의 결혼식이에요.		

읽기

♣ 다음 글을 잘 읽고 질문에 대답해 보세요.

제니는 작년 여름에 한국어를 공부하러 한국에 왔습니다. 한국어학당에서 1년 동안 한국어를 배운 제니는 이번 주말에 미국으로 돌아갑니다.

오늘 제니는 수업이 끝나고 김 선생님을 만났습니다. 김 선생님은 작년부터 제니를 가르치신 선생님입니다. 선생님은 제니에게 재미있는 소설책을 한 권 주셨습니다. 그 책은 제니가 좋아하는 책이었습니다. 제니는 선생님의 선물을 받고 아주 기뻤습니다.

모레는 마지막 한국어 수업이 있습니다. 제니도 김 선생님께 특별한 선물을 드리려고 합니다. 그래서 며칠 전부터 목걸이를 만들고 있습니다. 선생님께서 제니의 선물을 받으면 아주 좋아하실 겁니다.

1. 김 선생님은 누구입니까?

2. 제니는 김 선생님께 어떤 특별한 선물을 주려고 합니까?

3. 내용과 같은 것을 고르세요.
   ① 내일은 마지막 한국어 수업을 합니다.
   ② 제니는 내일 미국으로 돌아가려고 합니다.
   ③ 제니는 선생님이 주신 책을 다 읽었습니다.
   ④ 선생님은 제니에게 소설책을 선물하셨습니다.

돌아가다	소설책	기쁘다	모레	특별하다

9 인라인 스케이트를 탈 줄 알아요?

I

왕단 티누 씨는 무슨 운동을 잘해요?

티누 저는 달리기를 잘해요. 그런데 다른 운동은 잘 못해요.

왕단 그래요? 저는 달리기를 잘 못해요. 그렇지만 인라인 스케이트는 잘 타요. 티누 씨도 인라인 스케이트를 탈 줄 알아요?

티누 아니요, 저는 탈 줄 몰라요. 왕단 씨, 인라인 스케이트를 배우고 싶은데 가르쳐 줄 수 있어요?

왕단 그럼요. 내일 저녁부터 시작할까요?

티누 좋아요.

대답하세요

1. 왕단은 무슨 운동을 잘해요?
2. 티누는 무슨 운동을 잘해요?
3. 두 사람은 무슨 운동을 같이 할 거예요?

단어와 표현

달리기	다른	인라인 스케이트	그럼
한자	전자사전	사용하다	빠르다
모르다	부르다	마르다	자르다
다르다			

◉ 다른 N

- 다른 학생들은 어디에 있어요?
- 다른 반은 지금 몇 과를 공부해요?
- 이 노래만 잘하고 다른 노래는 잘 못해요.
-

◉ 그럼요

- 한자를 읽을 수 있어요?
  - 그럼요. 쓸 수도 있어요.
- 이번 여행이 재미있었어요?
  - 그럼요. 내년에도 가고 싶어요.
- 수업 시간에 전자사전을 사용할 수 있어요?
  - 그럼요. 사용할 수 있어요.
-

조금 더 공부해요

※ 타다

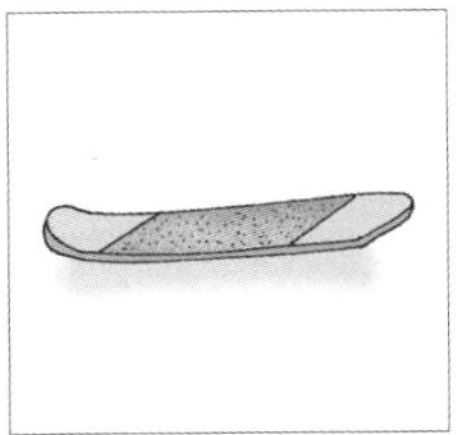
스노보드를 타다

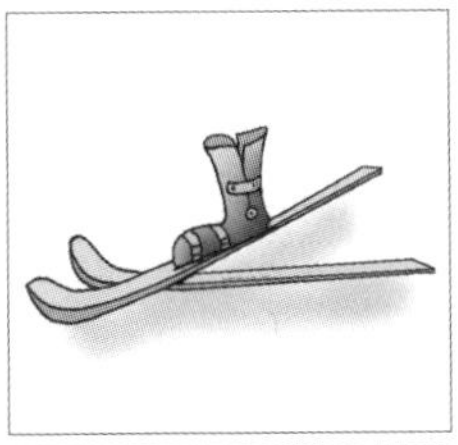
스키를 타다

스케이트를 타다

인라인 스케이트를 타다

문법 1 'ㄹ' 불규칙

	-ㅂ니다	-아/어요	-아/어서	-니까
빠르다	빠릅니다	빨라요	빨라서	빠르니까
모르다	모릅니다	몰라요	몰라서	모르니까
부르다	부릅니다	불러요	불러서	부르니까

- 물 좀 주세요. 목이 말라요.
- 머리를 잘랐어요? 아주 예뻐요.
- 두 사람은 생일은 같지만 나이는 달라요.

연습

1. 〈보기〉와 같이 쓰세요.

보기

전화번호를 몰라서 전화할 수 없어요. (모르다)

1) 

배가 ________아/어서 못 먹겠어요.
(부르다)

2) 

자동차보다 기차가 더 ________아/어요.
(빠르다)

3) 

목이 ________(으)면 이 물을 드세요.
(마르다)

4) 

머리를 ________(으)니까 더 예뻐요.
(자르다)

문법 2 V-(으)ㄹ 줄 알다, V-(으)ㄹ 줄 모르다

- 저는 한국어를 할 줄 알아요.
- 제 동생은 자전거를 탈 줄 몰라요.
- 태권도를 할 줄 아세요?
  - 아니요, 저는 태권도를 할 줄 몰라요.

연 습

1. 〈보기〉와 같이 쓰세요.

보기

(한국말을 하다, 알다)

→ 한국말을 할 줄 알아요.

1)

(농구하다, 알다)

→ ______________________.

2)

(운전하다, 모르다)

→ ______________________.

3)

(한자를 읽다, 모르다)

→ ______________________.

4)

(문자 메시지를 보내다, 알다)

→ ______________________.

II

여러분의 취미는 무엇입니까? 한국에서는 취미가 같은 사람들이 모여서 여러 가지 '동호회'를 만듭니다. 영화 보는 것을 좋아하는 사람들은 영화 동호회, 요리하는 것을 좋아하는 사람들은 요리 동호회, 축구하는 것을 좋아하는 사람들은 축구 동호회를 만듭니다. 사람들은 동호회에서 좋아하는 것을 함께 합니다. 그리고 서로 친구가 됩니다. 여러분은 무슨 동호회를 만들고 싶습니까? 무슨 동호회에 가입하고 싶습니까?

대답하세요

1 '동호회'는 무엇입니까?

2 사람들은 동호회에서 무엇을 합니까?

단어와 표현

취미	모이다	여러	가지
동호회	것	서로	가입하다
싸우다	잡다	마라톤	

◉ 여러 N

- 교실에 학생이 여러 명 있어요.
- 배가 고파서 빵을 여러 개 먹었어요.
- 우리 학교에는 여러 나라에서 온 유학생들이 있어요.
-

여러 가지

- 여러 가지 과일을 샀네요.
- 서점에는 여러 가지 책이 있습니다.
- 편의점에서는 여러 가지 물건을 팝니다.
-

◉ 서로

- 서로 싸우지 마세요.
- 서로 손을 잡고 함께 노래합시다.
- 우리는 서로 도와주는 좋은 친구예요.
-

◉ N에 가입하다

- 저는 지난달에 요리 동호회에 가입했어요.
- 마라톤을 배우고 싶어서 마라톤 동호회에 가입했어요.
- 야구를 배우고 싶은데 어떻게 하면 좋을까요?
  – 야구 동호회에 가입하세요.
-

문법 V-는 것

- 요리를 배우는 것은 제 취미예요.
- 아침에 물을 한 잔 마시는 것이 건강에 좋아요.
- 등산하는 것을 좋아하세요?
  - 아니요, 저는 등산하는 것을 싫어해요.

연습

1. 〈보기〉와 같이 쓰세요.

보기

(스노보드를 타다, 좋아하다)

→ 제 남동생은 스노보드 타는 것을 좋아해요.

1) 

(운동을 하다, 좋다)

→ 아침에 ____________________.

2) 

(한국어를 쓰다, 어렵다)

→ 저는 ____________________.

3) 

(음식을 만들다, 싫어하다)

→ 친구는 ____________________.

4) 

(3분 동안 이를 닦다, 좋다)

→ 밥을 먹고 ____________________.

함께 해요

♣ 여러분은 뭐 하는 것을 좋아해요? 뭐 하는 것을 싫어해요?
친구들과 이야기해 보세요.

	이름 : ________	이름 : ________
농구를 하다	☺(　　) ☹(　　)	☺(　　) ☹(　　)
청소를 하다	☺(　　) ☹(　　)	☺(　　) ☹(　　)
시험을 보다	☺(　　) ☹(　　)	☺(　　) ☹(　　)
기차를 타다	☺(　　) ☹(　　)	☺(　　) ☹(　　)
달리기를 하다	☺(　　) ☹(　　)	☺(　　) ☹(　　)
매운 음식을 먹다	☺(　　) ☹(　　)	☺(　　) ☹(　　)
한국 노래를 부르다	☺(　　) ☹(　　)	☺(　　) ☹(　　)
코미디 영화를 보다	☺(　　) ☹(　　)	☺(　　) ☹(　　)
한국어를 공부하다	☺(　　) ☹(　　)	☺(　　) ☹(　　)

종합연습

1. 〈보기〉와 같이 대화를 만드세요.

보기

가 : 스키를 탈 줄 알아요? (타다)

나 : 네, 탈 줄 알아요.

1) 

가 : 문자 메시지를 ________________? (보내다)

나 : 아니요, ________________.

2) 

가 : 불고기를 ________________? (만들다)

나 : 네, ________________.

3) 

가 : 젓가락을 ________________? (사용하다)

나 : 아니요, ________________.

4) 

가 : 한국 노래를 ________________? (하다)

나 : 그럼요, ________________.

5) 

가 : 현금지급기에서 돈을 ________? (찾다)

나 : 네, ________________.

6) 

가 : ________________?

나 : ________________.

2. 〈보기〉와 같이 대화를 만드세요.

빠르다　　모르다　　부르다　　다르다　　자르다　　마르다

보기

가 : 두 운동화가 같아요?

나 : 아니요, 달라요.

1)

가 : 어느 것이 더 ______________?

나 : 택시가 버스보다 ______________.

2)

가 : 선생님 전화번호를 알아요?

나 : 아니요, ______________.

3)

가 : KTX가 ______________?

나 : 네, __________지만 비싸요.

4)

가 : 밥을 많이 먹었어요?

나 : 네, 많이 먹어서 배가 __________.

5)

가 : 언제 머리를 ______________?

나 : 어제 ______________.

6)

가 : 물을 많이 마셨네요.

나 : 네, 목이 너무 __________아/어서 많이 마셨어요.

3. 〈보기〉와 같이 대화를 만드세요.

걷다　　듣다　　전화하다　　만들다　　부르다
쓰다　　타다　　먹다　　이야기하다　　있다

보기 가 : 여행하는 것을 좋아하세요?
나 : 아니요, 저는 집에 있는 것을 더 좋아해요.

1) 가 : 요리하는 것을 좋아하세요?
나 : 아니요, ______________________.

2) 가 : 자동차 타는 것을 좋아하세요?
나 : 아니요, ______________________.

3) 가 : 음악 듣는 것을 좋아하세요?
나 : 아니요, ______________________.

4) 가 : 책 읽는 것을 좋아하세요?
나 : 아니요, ______________________.

5) 가 : 편지 쓰는 것을 좋아하세요?
나 : 아니요, ______________________.

4. 잘 듣고 연결하세요.

1) 팀 •　　　　• 노래하는 것을 좋아해요.

2) 투이 •　　　　• 등산하는 것을 좋아해요.

3) 아사코 •　　　　• 슬픈 영화 보는 것을 좋아해요.

읽기

♣ 다음은 티누 씨의 글입니다. 잘 읽고 질문에 대답해 보세요.

저는 운동하는 것을 좋아합니다. 아침 식사 전에 달리기를 합니다. 매일 한 시간 동안 달립니다. 달리기를 하고 밥을 먹으면 밥이 아주 맛있습니다. 저녁 식사 후에는 태권도를 배웁니다. 그런데 태권도 사범님의 말이 너무 빨라서 이해할 수 없습니다. 그래서 한국 친구들이 많이 도와줍니다.

저는 한국 음식을 만드는 것도 좋아합니다. 처음에는 한국 음식을 만들 줄 몰랐는데 지금은 잘 만듭니다. 특히 김치찌개를 잘 만듭니다. 김치를 싫어하는 유학생들도 내가 만든 김치찌개는 좋아합니다. 고향에 돌아가면 부모님께 김치찌개를 만들어 드리려고 합니다.

다음 주에 한국 전통 음식을 만드는 동호회에 가입하려고 합니다. 여러 가지 전통 음식 만드는 것을 배우고 싶습니다.

1. 티누가 좋아하는 것을 모두 쓰세요.

____.

2. 티누가 가입하고 싶어하는 동호회는 무엇입니까?

3. 맞으면 ○, 틀리면 ×하세요.

1) 티누는 아침 식사 전에 한 시간 동안 달리기를 합니다. (　　)
2) 티누는 음식을 만드는 것을 제일 좋아합니다. (　　)
3) 친구들은 티누가 만든 김치찌개를 좋아합니다. (　　)
4) 티누는 한국 전통 음식을 배우고 있습니다. (　　)

달리다　　사범님　　이해하다　　전통

10 주말에 경주에 가는 게 어때요?

I

상우 왕단 씨, 날씨도 좋은데 주말에 경주에 가는 게 어때요?
왕단 좋아요. 그런데 경주는 어떤 곳이에요?
상우 경주는 천년 동안 신라의 수도였어요.
옛날에는 서울보다 더 큰 도시였어요.
왕단 경주는 무엇으로 유명해요?
상우 유명한 것이 너무 많아서 다 말할 수 없어요.
그래서 사람들은 경주를 박물관이라고 해요.
왕단 빨리 경주에 가 보고 싶네요.

대답하세요

1. 두 사람은 언제 경주에 가려고 해요?
2. 경주는 어떤 곳이에요?
3. 사람들은 왜 경주를 박물관이라고 해요?

단어와 표현

경주	어떤	곳	신라
수도	옛날	휴대 전화	호수
착하다	천사		

◉ V-는 게 어때요?

- 따뜻한 물을 마시는 것이 어때요?
- 운동을 하고 싶으면 인라인 스케이트를 타는 게 어때요?
- 나는 매일 아침에 달리기를 해요.
  - 그래요? 그럼 나하고 같이 하는 게 어때요?
-

◉ N(으)로 유명하다

- 이 회사는 휴대 전화로 유명해요.
- 여러분 나라는 무엇으로 유명합니까?
- 그 도시는 아름다운 호수로 유명해요.
-

◉ N을/를 N(이)라고 하다

- 착한 사람을 천사라고 합니다.
- 이것을 한국말로 뭐라고 해요?
- 아버지의 아버지를 할아버지라고 합니다.
-

문법 1 어떤 N

- 어떤 날씨를 좋아해요?
- 어떤 음식을 좋아해요?
  - 매운 음식을 좋아해요.
- 어떤 영화를 볼까요?
  - 공포 영화를 보는 게 어때요?

연습

1. 〈보기〉와 같이 쓰세요

곳　도시　영화　운동　사람　음식　노래

서울

보기

서울은 어떤 도시예요?

1) 

미녀는 괴로워

'미녀는 괴로워' 는 ____________________?

2) 

박물관

박물관은 ____________________?

3) 

김치

김치는 ____________________?

4) 

마라톤

마라톤은 ____________________?

문법 2 A-(으)ㄴ 것

- 팀 씨는 매운 것을 잘 먹네요.
- 저는 작고 귀여운 것을 좋아해요.
- 이 옷은 좀 작아요. 큰 것으로 바꿔 주세요.

연습

1. 〈보기〉와 같이 쓰세요.

> **보기** 가 : 이 가방이 어때요? (싸다)
> 나 : 좀 비싸네요. 싼 것은 없어요?

1) 가 : 이 옷이 커요. (작다)
   나 : ______________________ 드릴까요?

2) 가 : 뭘 마실까요? (시원하다)
   나 : ______________________ 마십시다.

3) 가 : 날씨가 춥네요. (따뜻하다)
   나 : ______________________ 먹을까요?

4) 가 : 왜 매일 그 식당에 가요? (맛있다)
   나 : 그 식당에는 ______________ 많아요.

5) 가 : 이 책은 어려워요. ____________ 없어요? (쉽다)
   나 : 그럼 이 책을 읽어 보세요.

6) 가 : 저 사과는 어때요? 살까요? (크다)
   나 : 아니요. 저는 좀 ____________ 사고 싶어요.

Ⅱ

어머니께

어머니, 건강하시지요? 저는 잘 있어요.

지난 주말에 상우 씨와 같이 경주에 갔다 왔습니다. 우리는 '천마총'에 갔습니다. 천마총은 왕의 무덤인데 하늘을 나는 말의 그림이 있었습니다. 그리고 '불국사'에도 갔습니다. 불국사에는 큰 탑이 두 개 있는데 아주 멋있었습니다. 상우 씨가 설명을 해 줘서 이번 여행은 참 재미있었어요.

경주는 아름다운 도시입니다. 방학에 고향에 가면 사진을 보여 드리겠습니다. 아마 어머니도 좋아하실 겁니다.

그럼, 어머니 안녕히 계세요.

왕단 올림

대답하세요

1. 천마총은 어떤 곳이에요?
2. 경주는 어떤 도시예요?
3. 왕단은 언제 고향에 돌아가요?

단어와 표현

건강하다	천마총	왕	무덤
날다	말	불국사	탑
설명	보이다	올림	학생증

◉ 갔다 오다

- 방학에 친구와 같이 제주도에 갔다 왔어요.
- 주말에 어디에 갔다 왔어요?
  - 경주에 갔다 왔어요.
-

◉ 보여 주다(보여 드리다)

- 학생증을 보여 주세요.
- 선생님께 고향에서 찍은 사진을 보여 드렸습니다.
-

조금 더 공부해요

※ 경주

천마총

불국사

다보탑

석가탑

문법 V-겠-

- 이따가 다시 전화하겠습니다.
- 오늘부터 담배를 피우지 않겠어요.
- 상우 씨는 뭘 먹겠어요?
  - 저는 냉면을 먹겠어요.

연 습

1. 〈보기〉와 같이 쓰세요.

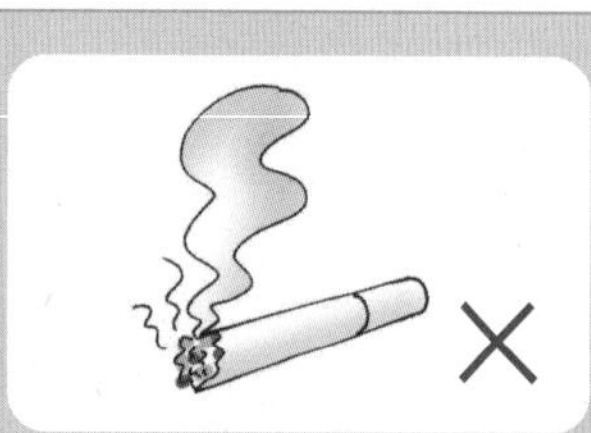

보기

(내일부터 담배를 피우지 않다)

→ 저는 내일부터 담배를 피우지 않겠어요.

1) 

(매일 운동을 하다)

→ 저는 ______________________.

2) 

(커피를 마시다)

→ 저는 ______________________.

3) 

(오늘부터 열심히 공부하다)

→ 저는 ______________________.

4) 

(술을 마시지 않다)

→ 저는 ______________________.

함께 해요

♣ 1월 1일입니다. 올해부터 무엇을 하겠습니까?
무엇을 하지 않겠습니까?

• 운동하다	• 일찍 일어나다	• 태권도를 배우다
• 결석하다	• 담배를 피우다	• 술을 마시다
• 여행하다	• 동호회에 가입하다	• 외국어를 배우다

저는 매일 운동을 하겠습니다.
그리고 담배를 피우지 않겠습니다.

저는 ______________________________
______________________________.

종합연습

1. 〈보기〉와 같이 대화를 만드세요.

> **보기** 가 : 주말에 어디에 갈까요?
> 나 : 경주에 가는 게 어때요?

1) 가 : 주말에 무엇을 할까요?
   나 : ______________________________ 어때요?

2) 가 : 무엇을 먹을까요?
   나 : ______________________________ 어때요?

3) 가 : 나는 공포 영화를 싫어해요.
   나 : 그럼 __________________________ 어때요?

4) 가 : 토요일은 바빠요.
   나 : 그럼 __________________________ 어때요?

5) 가 : 어디에서 만날까요?
   나 : ______________________________ 어때요?

2. 〈보기〉와 같이 쓰세요.

> **보기** 다음 주에 시험이 있어요. 열심히 공부하겠어요.

1) 담배는 건강에 나빠요. __________________________.

2) 교실이 깨끗하지 않아요. ________________________.

3) 감기에 걸렸어요. _______________________________.

4) 커피를 좋아하지 않아요. ________________________.

3. 〈보기〉와 같이 대화를 만드세요.

보기

가 : 어떤 날씨를 좋아해요?

나 : 비가 오는 날씨를 좋아해요.

1)

가 : 어떤 영화를 좋아해요?

나 : ______________________________.

2)

가 : 어떤 음악을 좋아해요?

나 : ______________________________.

3)

가 : 어떤 선물을 받고 싶어요?

나 : ______________________________.

4)

가 : 어떤 음식을 싫어해요?

나 : ______________________________.

5)

가 : 어떤 친구를 좋아해요?

나 : ______________________________.

6)

가 : 어떤 집에서 살고 싶어요?

나 : ______________________________.

4. 잘 듣고 질문에 대답하세요.

1) ①  ②  ③  ④ 

2) 티누는 무엇을 하고 싶어해요?

① (　　　　　) ② (　　　　　) ③ (　　　　　) ④ (　　　　　)

3) 맞으면 ○, 틀리면 ×하세요.

① 티누는 기차를 타고 여행을 하고 싶어해요. (　　)

② 티누는 돈이 많으면 운전을 배우고 싶어해요. (　　)

③ 제니퍼는 돈이 많으면 수영장을 사고 싶어해요. (　　)

④ 제니퍼는 한국의 여러 곳을 여행하고 싶어해요. (　　)

5. 여러분은 무엇이 되고 싶어요? 어떤 일을 하고 싶어요.
〈보기〉와 같이 쓰세요.

보기 5년 후에 저는 한국어 선생님이 되겠어요.
고향에 돌아가서 한국어를 가르치겠어요.

1년 후

5년 후

10년 후

20년 후

읽기

♣ 다음 글을 잘 읽고 질문에 대답해 보세요.

나는 지난 겨울 방학에 마이코와 같이 춘천에 갔다 왔습니다. 춘천에는 호수가 많습니다. 그래서 사람들은 춘천을 '호수의 도시' 라고 합니다. 그리고 춘천은 닭갈비도 유명합니다. 많은 사람들이 닭갈비를 먹으러 춘천에 갑니다. 그래서 우리도 춘천에서 닭갈비를 먹었습니다.

우리는 남이섬에도 갔습니다. 남이섬은 드라마 '겨울연가' 를 찍은 곳입니다. '겨울연가' 는 마이코가 가장 좋아하는 드라마입니다. 남이섬으로 가는 버스 안에서 마이코는 나에게 그 드라마 사진을 보여 주었습니다. 두 주인공이 눈사람을 만드는 사진이었습니다.

나도 눈사람을 만들고 싶었지만 눈이 오지 않아서 만들 수 없었습니다. 내년 겨울에 다시 남이섬에 가고 싶습니다. 남이섬에 가서 눈사람을 만들겠습니다.

1. 사람들은 왜 춘천을 '호수의 도시' 라고 합니까?

2. 춘천은 무엇이 유명합니까?

3. '나' 와 마이코는 춘천에서 무엇을 했습니까?
   ① 드라마를 봤습니다.
   ② 닭갈비를 먹었습니다.
   ③ 눈사람을 만들었습니다.
   ④ '겨울연가' 를 찍었습니다.

춘천　　닭갈비　　남이섬　　겨울연가

11 남자 친구에게 줄 선물이에요

I

투　이 아사코 씨, 이게 뭐예요?

아사코 남자 친구에게 줄 선물이에요.

투　이 아사코 씨의 남자 친구는 어떤 사람이에요?

아사코 친절하고 재미있는 사람이에요. 그리고 운동을 잘해요.

투　이 멋있겠네요. 남자 친구를 어떻게 만났어요?

아사코 친구가 소개해 줬어요.

투　이 남자 친구와 자주 만나요?

아사코 아니요, 남자 친구가 일본에 있어서 자주 못 만나요.
그래서 우리는 매일 통화를 하고 가끔 편지도 써요.

투　이 남자 친구가 있는 아사코 씨가 부러워요.

대답하세요

1. 아사코는 남자 친구를 어떻게 만났어요?
2. 아사코의 남자 친구는 어디에 살아요?
3. 투이는 남자 친구가 있어요?

단어와 표현

멋있다	소개하다	자주	가끔
부럽다	신다	청바지	미술관

◉ 소개하다

- 친구가 나에게 미국 친구를 소개해 줬어요.
- 오늘은 여러분에게 책을 한 권 소개하고 싶습니다.
- 학교 근처에 스파게티가 맛있는 식당이 있으면 소개해 주세요.
-

◉ 자주

- 이건 내가 자주 신는 구두예요.
- 내가 자주 입는 옷은 청바지예요.
- 친구들과 같이 자주 가는 곳은 어디예요?
-

◉ 가끔

- 저는 가끔 미술관에 가요.
- 가끔 부모님께 편지를 써 보세요.
- 가끔 하늘을 보세요. 기분이 좋을 거예요.
-

◉ N이/가 부럽다

- 여러분은 어떤 사람이 부러워요?
- 친구가 많은 왕단 씨가 부럽네요.
- 티누 씨는 한국말을 잘하네요. 나는 티누 씨가 부러워요.
-

문법 V-(으)ㄹ N

• 주말에 볼 영화는 어떤 영화예요?
• 내일 할 일이 많아서 소영 씨 집에 못 갈 거예요.
• 무엇을 준비할까요?
  – 마실 물만 준비하세요.

연 습

1. 〈보기〉와 같이 대화를 만드세요.

보기
가 : 그건 뭐예요? (보내다)
나 : 여자 친구에게 보낼 편지예요.

1) 

가 : 무슨 꽃이에요? (드리다)
나 : 어머니께 ________ 꽃이에요.

2) 

가 : 내일 같이 영화를 볼까요? (하다)
나 : 미안해요. 내일 ________ 일이 많아서 바빠요.

3) 

가 : 백화점에서 무엇을 살 거예요? (사다)
나 : ________ 물건은 없어요. 구경만 할 거예요.

4) 

가 : 팀 씨, 지금 어디에 가요? (읽다)
나 : 주말에 ________ 책을 빌리러 도서관에 가요.

5) 

가 : 누구에게 전화했어요? (돌아가다)
나 : 다음 주에 고향으로 ________ 제니에게
전화했어요.

2. 〈보기〉와 같이 쓰세요.

> **보기** 내일 먹을 빵은 냉장고에 있어요. (빵을 먹다)

1) 이번 방학에 ______________ 은/는 태권도예요.
   (운동을 배우다)

2) 내가 투이 씨에게 ______________ 은/는 상우 씨예요.
   (친구를 소개해 주다)

3) 다음 주에 ______________ 은/는 듣기 시험이에요.
   (시험을 보다)

4) 내일 ______________ 은/는 불고기예요.
   (음식을 만들다)

5) 어머니에게 ______________ 을/를 사러 백화점에 가요.
   (시계를 선물하다)

함께 해요

♣ 친구와 이야기해 보세요.

	항상	자주	가끔
① 한국어를 공부해요?	☑	☐	☐
② 부모님께 전화해요?	☐	☐	☐
③ 김치를 먹어요?	☐	☐	☐
④ 커피를 마셔요?	☐	☐	☐
⑤ 시내에 가요?	☐	☐	☐
⑥ 영화를 봐요?	☐	☐	☐
⑦ 여행을 해요?	☐	☐	☐
⑧ 컴퓨터를 해요?	☐	☐	☐

II

마이클 안녕하세요? 아사코의 친구 마이클이에요.

투 이 안녕하세요? 저는 투이예요. 아사코 씨한테서 마이클 씨 이야기를 많이 들었어요. 마이클 씨는 한국에 온 지 얼마나 됐어요?

마이클 한국에 온 지 4개월이 됐어요. 아직 한국말을 잘 못해요.

투 이 그런데 마이클 씨는 키가 참 크네요.

마이클 네, 187cm예요. 투이 씨는 키가 큰 남자를 안 좋아해요?

투 이 아니요, 좋아해요. 하지만 성격이 좋은 사람을 더 좋아해요.

대답하세요

1. 마이클은 언제 한국에 왔어요?
2. 투이는 어떤 사람을 좋아해요?

단어와 표현

아직	키	센티미터(cm)	하지만
성격	마음		

◉ 아직

- 한국 음식을 좋아하지만 매운 음식은 아직 잘 못 먹어요.
- 숙제 다 했어요?
  – 아니요, 바빠서 아직 다 못 했어요.
-

◉ 하지만

- 열심히 공부했어요. 하지만 시험을 잘 못 봤어요.
- 주말에 친구들과 농구를 하려고 했어요. 하지만 비가 와서 못 했어요.
-

◉ 성격이 좋다 (↔ 나쁘다)

- 팀 씨는 성격이 좋아서 친구가 많아요.
- 마음이 넓고 성격이 좋은 사람을 소개해 주세요.
-

조금 더 공부해요

조용하다

활발하다

착하다

재미있다

마음이 넓다

마음이 좁다

부지런하다

문법 1 V-(으)ㄴ 지 N이/가 되다

- 한국에 온 지 3개월이 되었어요.
- 두 사람은 만난 지 2년이 되었어요.
- 기숙사에서 산 지 얼마나 되었어요?
  - 네 달이 되었어요.

연 습

1. 〈보기〉와 같이 쓰세요.

보기

일 년 전에 한국에 왔어요.
→ 한국에 온 지 일 년이 되었어요.

1) 

30분 전에 점심을 먹었어요.
→ ______________________________.

2) 

일주일 전에 부모님과 전화를 했어요.
→ ______________________________.

3) 

삼 년 전에 이 가방을 샀어요
→ ______________________________.

4) 

한 달 전에 경주에 갔다 왔어요.
→ ______________________________.

5) 

이 년 전에 운전을 배웠어요.
→ ______________________________.

문법 2 안 V ?

- 여름 방학에 고향에 안 갔어요?
  - 아니요, 갔다 왔어요.
- 월요일인데 학교에 안 가요?
  - 네, 안 가요. 오늘부터 방학이에요.
- 어제 숙제 없었어요?
  - 아니요, 있었어요.

연 습

1. 〈보기〉와 같이 대화를 만드세요.

> **보기** 가 : 커피를 안 마셔요?
> 나 : 아니요, 마셔요.

1) 가 : 축구 구경을 안 좋아해요?
   나 : 아니요, ______________________.

2) 가 : 주말에 춘천에 안 갔다 왔어요?
   나 : 네, ______________________.

3) 가 : 달러를 한국 돈으로 안 바꿨어요?
   나 : 네, ______________________.

4) 가 : 점심을 아직 안 먹었어요?
   나 : 아니요, ______________________.

5) 가 : 은행에서 아직 돈을 안 찾았어요?
   나 : 네, ______________________.

종합연습

1. 알맞은 단어를 골라 쓰세요.

그리고　　그래서　　그런데　　하지만

1) 다음 주에 미국으로 여행을 가요. (　　　　) 한국 돈을 달러로 바꿨어요.

2) 한국에 온 지 네 달이 되었어요. (　　　　) 아직 한국어를 잘 못해요.

3) 학교 앞 식당에서 칼국수를 먹었어요. (　　　　) 아주 맛있었어요.

4) 현금지급기는 은행에 있어요. (　　　　) 학생회관에도 있어요.

2. 〈보기〉와 같이 대화를 만드세요.

보기

가 : 이게 뭐예요?

나 : 내일 먹을 빵이에요.

1)

가 : 이게 뭐예요?

나 : 이따가 ______________________.

2)

가 : 이게 뭐예요?

나 : 저녁에 ______________________.

3)

가 : 이게 뭐예요?

나 : 내일 ______________________.

4)

가 : 이게 뭐예요?

나 : 토요일에 ______________________.

3. 〈보기〉와 같이 대화를 만드세요.

보기

가 : 무슨 사진이에요? (찍다)

나 : 지난 주말에 경주에서 찍은 사진이에요.

1)

가 : 저분은 누구세요? (가르치다)

나 : 다음 주부터 우리를 ________________.

2)

가 : 어떤 날씨를 좋아해요? (눈이 내리다)

나 : ________________________________.

3)

가 : 무슨 노래예요? (배우다)

나 : 지난주에 수업 시간에 ______________.

4)

가 : 처음 보는 옷이네요. 언제 샀어요? (사다)

나 : 2년 전에 서울에서 ________________.

5)

가 : 예쁜 목걸이네요. (드리다)

나 : 어머니께 ______________________.

6)

가 : 어떤 사람을 좋아해요? (마음이 넓다)

나 : ________________________________.

4. 언제 한국에 왔어요? 잘 듣고 연결하세요.

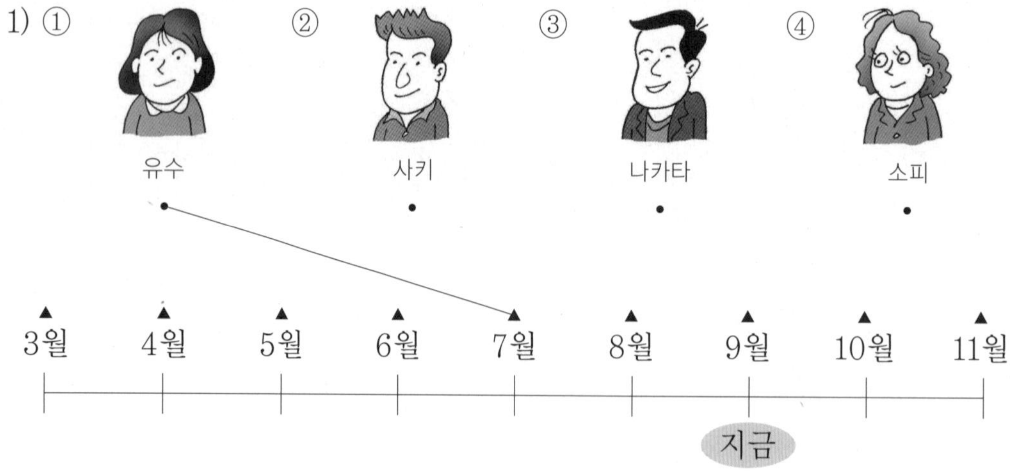

5. 여러분의 부모님은 어떤 분이에요? 써 보세요.

제 아버지는 부지런한 분이세요.
마음도 넓은 분이세요.
저를 많이 사랑하세요.

제 어머니는 ______________________
______________________.

6. 친구와 이야기해 보세요.

	나	친구
1) 한국에 온 지 얼마나 되었어요?		
2) 한국어를 공부한 지 얼마나 되었어요?		
3) 부모님과 통화한 지 얼마나 되었어요?		
4) 영화를 본 지 얼마나 되었어요?		
5) 사진을 찍은 지 얼마나 되었어요?		
6) 선물을 받은 지 얼마나 되었어요?		
7) 고등학교를 졸업한 지 얼마나 되었어요?		

읽기

♣ 다음 글을 잘 읽고 질문에 대답해 보세요.

오늘 아사코 씨가 소개해 준 마이클 씨를 만났습니다. 마이클 씨는 한국에 온 지 4개월 되었는데 한국말을 잘했습니다. 마이클 씨는 키가 아주 컸습니다. 재미있고 성격도 아주 좋은 사람이었습니다. 우리는 커피숍에서 2시간 동안 이야기를 했습니다. 마이클 씨와 이야기하는 것은 아주 즐거웠습니다.

우리는 커피를 마시고 같이 스케이트장에 갔습니다. 마이클 씨는 스케이트를 참 잘 탔습니다. 나는 스케이트를 잘 타는 마이클 씨가 부러웠습니다. 마이클 씨는 나에게 스케이트를 가르쳐 주었습니다. 내가 잘 못 탔지만 천천히 설명해 주었습니다. 마이클 씨는 아주 친절한 사람이었습니다.

1. 오늘 '나'와 마이클 씨는 어디에 갔습니까?

2. 나는 왜 마이클 씨가 부러웠습니까?

3. 마이클 씨는 어떤 사람이었습니까?

스케이트장	설명하다

12 우리 할머니 댁에 같이 갈래요?

I

아사코 소영 씨는 이번 연휴에 뭐 할 거예요?

소 영 글쎄요. 아직 계획이 없어요. 아사코 씨는요?

아사코 저는 여기저기 여행을 하려고 해요.
여행을 하면서 멋있는 사진을 많이 찍고 싶어요.

소 영 아사코 씨, 그럼 우리 할머니 댁에 같이 갈래요?
할머니 댁은 시골인데 경치가 아주 좋은 곳이에요.
사진도 찍고 맛있는 음식도 먹어요.

아사코 그거 좋은 생각이네요.

대답하세요

1. 아사코는 연휴에 무엇을 하고 싶어해요?
2. 소영의 할머니 댁은 어떤 곳이에요?
3. 두 사람은 연휴에 무엇을 할 거예요?

단어와 표현

연휴	글쎄	여기저기	시골
생각	치킨		

◉ 글쎄요

- 내일도 비가 올까요?
  - 글쎄요. 아마 안 올 거예요.
- 시청에 가려고 하는데 몇 번 버스를 타야 해요?
  - 글쎄요. 저도 잘 몰라요.
-

◉ 여기저기

- 여기저기 많이 다녀서 다리가 아파요.
- 공원에는 여기저기 예쁜 꽃들이 많았습니다.
- 친구들과 시장에 가서 여기저기 구경했어요.
-

◉ (그거) 좋은 생각이다

- 더운데 수영하러 갈까요?
  - 그거 좋은 생각이에요!
- 오늘은 피자하고 치킨을 시키는 게 어때요?
  - 좋은 생각이네요.
-

문법 1 N은요?/는요?

- 저는 라면을 먹겠어요. 투이 씨는요?
- 미안해요. 오늘은 시간이 없어요.
  - 그러면 내일은요?
- 주스는 800원이고 커피는 600원이에요.
  - 그럼 우유는요?

연 습

1. 〈보기〉와 같이 쓰세요.

보기

가 : 저는 이번 주말에 집에서 쉬었어요.

나 : 그럼 제니퍼 씨는요?

1) 

가 : 지금 포도 주스는 없어요.

나 : 그럼 ______________________?

2) 

가 : 지금 대구에는 비가 와요.

나 : 그러면 ______________________?

3) 

가 : 이번 주 일요일은 바빠요.

나 : 그럼 ______________________?

4) 

가 : 3시 표는 없어요.

나 : 그러면 ______________________?

문법 2 V-(으)ㄹ래요?/V-(으)ㄹ래요

• 뭐 마실래요?
  - 주스 마실래요.
• 우리 뭐 먹을래요?
  - 떡볶이를 먹읍시다.
• 밥 먹고 뭐 할래요?
  - 공원에서 산책할래요.

연 습

1. 〈보기〉와 같이 쓰세요.

> **보기** 가 : 민지 씨는 뭐 먹을래요? (비빔밥)
> 나 : 비빔밥을 먹을래요.

1) 가 : 우리 이번 방학에 어디 갈래요? (제주도)
   나 : ______________________.

2) 가 : 시장에 가서 뭐 살래요? (과일)
   나 : ______________________.

3) 가 : 우리 어떤 영화를 볼래요? (공포 영화)
   나 : ______________________.

4) 가 : 언제 집에 갈래요? (지금)
   나 : ______________________.

5) 가 : 에릭 씨 생일에 무슨 선물을 사 줄래요? (책)
   나 : ______________________.

II

이번 연휴 때 안동 근처에 있는 소영 씨의 할머니 댁에 갔다 왔습니다. 저는 한국의 시골에 처음 가 봤습니다. 시골은 참 조용하고 깨끗했습니다. 공기가 좋아서 기분도 좋았습니다. 제니퍼 씨도 시골에 같이 가고 싶어했지만 일 때문에 같이 갈 수가 없었습니다.

안동에는 한국의 전통 집들이 많이 있었습니다. 소영 씨의 할머니 댁도 한국의 전통 집입니다. 할머니께서는 그 집에 사신 지 60년이 넘었습니다. 한국의 전통 집은 참 아름다웠습니다. 다음에 기회가 있으면 다시 가 보고 싶습니다.

대답하세요

1. 소영의 할머니 댁은 어디예요?
2. 안동은 어떤 곳이에요?
3. 소영의 할머니는 언제부터 그 집에 사셨어요?

단어와 표현

때	안동	공기	넘다
기회	추석	태어나다	놀다
잡다			

◉ N 때

- 중학교 때부터 수영을 배웠어요.
- 점심때 시간이 있으면 같이 밥을 먹읍시다.
- 추석 때 뭘 할 거예요?
  - 고향에 가려고 해요.
-

◉ N이/가 넘다

- 12시가 넘었네요.
- 한국에 온 지 일 년이 넘었습니다.
- 아기가 태어난 지 백 일이 넘으면 축하 파티를 해요.
-

◉ 다음에

- 다음에 만나요.
- 다음에는 제가 밥을 사겠어요.
- 다음에 같이 서울에 놀러 갈래요?
-

◉ 기회가 있다 (↔ 없다)

- 좋은 기회가 있으면 잡으세요.
- 기회가 있으면 유럽 여행을 해 보고 싶어요.
- 방학 때 기회가 있으면 아르바이트를 하고 싶습니다.
-

문법 V-아/어 봤다

- 노래방에서 백 점을 받아 봤어요?
- 이 책을 읽어 봤어요? 재미있으니까 읽어 보세요.
- 제주도에 가 봤어요?
  - 네, 가 봤는데 정말 아름다운 곳이었어요.

연습

1. 〈보기〉와 같이 쓰세요.

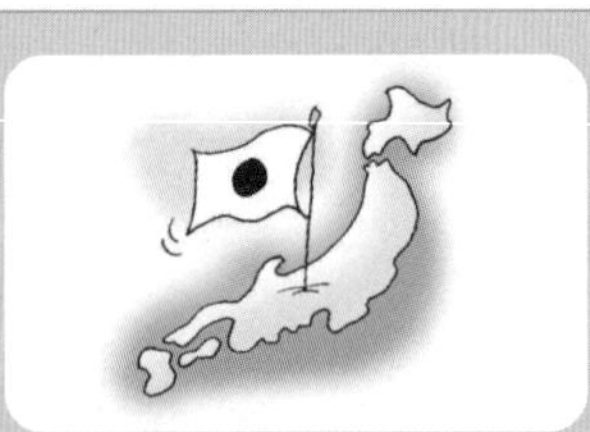

보기

일본에 가 봤어요. (가다)

1) 

이 노래를 ______________. (듣다)

2) 

제니퍼 씨가 만든 음식을 ______. (먹다)

3) 

한국에서 KTX를 ______________. (타다)

4) 

김치를 ______________. (만들다)

2. 〈보기〉와 같이 대화를 만드세요.

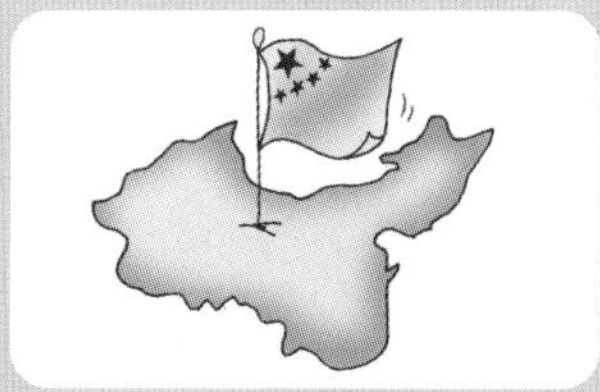

보기

가 : 상우 씨, 중국에 가 봤어요?

나 : 네, 가 봤어요.

1)

가 : 투이 씨, ______________________?

나 : 네, ______________________.

2)

가 : 팀 씨, ______________________?

나 : 아니요, ______________________.

3)

가 : 아사코 씨, ______________________?

나 : 네, ______________________.

4) ?

가 : ________ 씨, ______________________?

나 : 아니요, ______________________.

함께 해요

♣ 친구에게 질문해 보세요.

자전거를 타다	혼자 여행하다	맥주를 마시다
설악산에 가다	유명한 사람을 만나다	

가수를 만나 봤어요?

아니요, 못 만나 봤어요.

종합연습

1. 〈보기〉와 같이 대화를 만드세요.

보기

가 : 주말에 같이 수영장에 갈래요?

나 : 네, 좋아요. 갑시다.

1)

가 : 오늘 저녁 때 ______________________?

나 : ______________________.

2)

가 : 날씨가 추운데 ______________________?

나 : ______________________.

3)

가 : 숙제가 어려운데 같이 ______________?

나 : ______________________.

4)

가 : 오후에 손님이 오는데 같이 __________?

나 : ______________________.

5)

가 : ______________________?

나 : ______________________.

2. 〈보기〉와 같이 대화를 만드세요.

보기

가 : 시원한 커피를 마시려고 하는데 투이 씨도 마실래요?

나 : (네) 네, 마실래요.

1) 

가 : 김밥을 만들려고 하는데 민지 씨도 ______________________?

나 : (네) ______________________.

2) 

가 : 태권도를 배우려고 하는데 팀 씨도 ______________________?

나 : (아니요) ______________________.

3) 

가 : 지금 시장에 가려고 하는데 에릭 씨도 ______________________?

나 : (네) ______________________.

4) 

가 : ______________________?

나 : (아니요) ______________________.

5) 

가 : ______________________?

나 : (네) ______________________.

3. 알맞은 단어를 골라 쓰세요.

시골	계획	전통	연휴	근처	경치	기회

1) 가 : 이번 방학 때는 뭘 할 거예요?
   나 : 글쎄요. 아직 (   )이/가 없어요.

2) 가 : 내일부터 삼 일 동안 (   )인데 우리 부산으로 여행 갈래요?
   나 : 그거 좋은 생각이에요.

3) 가 : 배가 고픈데 밥 먹으러 가는 게 어때요?
   나 : 학교 (   )에 찌개가 맛있는 식당이 있어요.

4) 가 : (   )에 오니까 공기도 좋고 기분이 좋지요?
   나 : 네, 정말 그래요. (   )도 참 아름다워요.

5) 가 : (   )이/가 있으면 한국 (   ) 문화를 공부해 보고 싶어요.
   나 : 그럼, 이 책을 읽어 보세요.

4. 잘 듣고 질문에 대답하세요.

1) 세 사람은 이번 연휴에 (   )에 가요.

2) ① 자동차　　② 기차　　③ 버스　　④ 자전거

3) 맞으면 ○, 틀리면 ×하세요.
   ① 티누는 경주에 가 봤어요. (   )
   ② 티누 씨는 바빠서 같이 못 가요. (   )
   ③ 티누 씨는 지난번에 버스를 타고 여행했어요. (   )

읽기

♣ 다음 글을 잘 읽고 질문에 대답해 보세요.

소영 에릭 씨, 이번 주 토요일에 시간 있어요?
에릭 네, 있어요.
소영 그럼 우리 집에 올래요? 떡볶이하고 김밥을 만들려고 하는데 에릭 씨도 먹으러 오세요.
에릭 저는 아직 떡볶이를 못 먹어 봤어요.
소영 그래요? 그럼 김밥은요?
에릭 김밥은 먹어 봤어요.
소영 에릭 씨는 매운 음식을 좋아하니까 떡볶이도 좋아할 거예요. 12시쯤 우리 집에 오세요.
에릭 네, 알겠어요. 소영 씨는 요리를 잘 하지요? 소영 씨가 만든 음식을 빨리 먹어 보고 싶어요. 그런데 저는 뭘 준비할까요? 음료수를 살까요?
소영 아니요. 음료수는 어제 샀으니까 과자만 좀 사세요.
에릭 네, 그럼 12시에 소영 씨 집으로 가겠어요. 토요일에 만나요.

1. 에릭은 김밥과 떡볶이를 먹어 봤어요?

2. 에릭은 떡볶이를 좋아할까요?

3. 내용과 같은 것을 고르세요.
① 에릭은 소영을 집으로 초대했어요.
② 소영은 음료수와 과자를 준비할 거예요.
③ 두 사람은 토요일 12시에 만날 거예요.
④ 에릭은 김밥은 좋아하지만 떡볶이는 안 좋아해요.

과자

13 더 예뻐졌네요

I

팀 투이 씨, 오래간만이에요. 잘 지냈어요?

투이 네, 잘 지냈어요. 팀 씨도 잘 지냈지요?

팀 네. 그런데 투이 씨, 요즘 좋은 일이 있어요? 더 예뻐졌네요.

투이 정말요? 고마워요. 팀 씨도 더 멋있어졌어요.
요즘 한국 생활은 어때요?

팀 많이 익숙해졌어요. 한국어 공부도 재미있고 한국 음식도
맛있어요.

투이 매운 음식도 잘 먹어요?

팀 그럼요. 매운 음식은 다 좋아해요.

투이 그래요? 그럼 팀 씨, 우리 비빔냉면 먹으러 갈래요?

대답하세요

1. 요즘 팀의 한국 생활은 어때요?
2. 팀은 어떤 음식을 좋아해요?
3. 두 사람은 무엇을 먹으러 갈 거예요?

단어와 표현

오래간만	지내다	익숙하다	비빔냉면
오랜만	장학금	축하하다	오르다

◉ 오래간만 (= 오랜만)

- 안녕하셨어요? 정말 오래간만입니다.
- 오래간만에 고향 친구를 만나서 아주 반가웠어요.
- 오래간만이네요.
  - 네, 정말 오랜만이에요.
-

◉ 지내다

- 주말 잘 지냈어요?
- 방학 동안 할머니 댁에서 지냈어요.
- 요즘 어떻게 지내세요?
  - 조금 바쁘지만 잘 지내고 있어요.
-

◉ 정말요?

- 오늘 상우 씨 생일이에요.
  - 정말요? 저는 몰랐어요.
- 시험을 잘 봐서 장학금을 받았어요.
  - 정말요? 축하해요.
- 다음 달부터 지하철 요금이 오를 거예요.
  - 정말요? 얼마나 올라요?
-

문법 A-아/어지다

- 날씨가 시원해져서 좋아요.
- 하늘이 흐려졌어요. 비가 올까요?
- 한국어 공부가 어때요?
  - 문법이 아주 어려워졌어요.

연 습

1. 〈보기〉와 같이 쓰세요.

보기

기분이 좋아졌어요.

1)

________________________.

2)

________________________.

3)

________________________.

4)

________________________.

5)

________________________.

2. 그림을 보고 〈보기〉와 같이 쓰세요.

보기

가 : 요즘 회사 일이 어때요?

나 : 지난주보다 많이 바빠졌어요.

1)

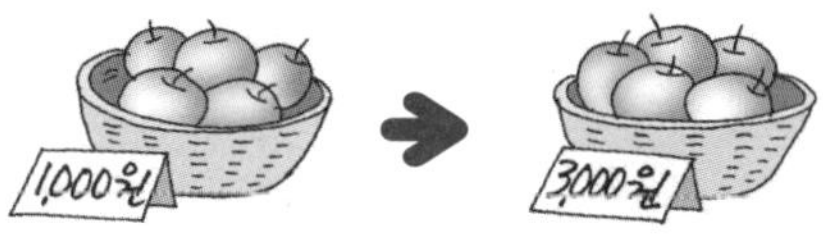

가 : 요즘 과일 값이 어때요?

나 : ______________________.

2)

가 : 감기는 좀 어때요?

나 : ______________________.

3)

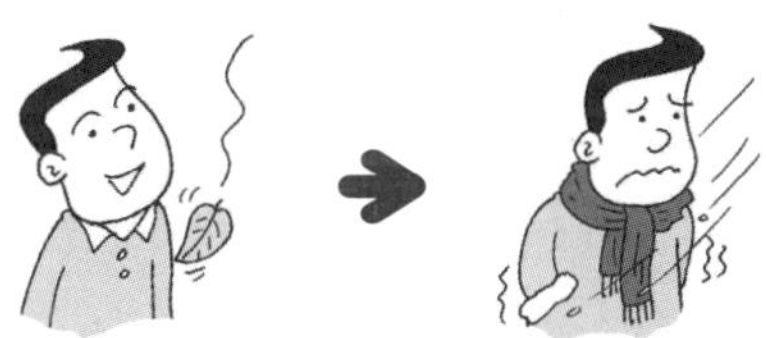

가 : 요즘 날씨가 어때요?

나 : ______________________.

4)

가 : 어제 청소를 했는데 어때요?

나 : ______________________.

5)

가 : 미용실에 갔다 왔는데 어때요?

나 : ______________________.

6)

가 : 요즘 한국어 공부가 어때요?

나 : ______________________.

II

오늘은 친구들과 같이 찜질방에 갔습니다. 저는 찜질방에 처음 가봤습니다. 우리는 찜질방에서 주는 옷을 입기 전에 먼저 샤워를 했습니다. 찜질방에는 작은 방들이 있었는데 뜨거운 방도 있고 시원한 방도 있었습니다. 그리고 찜질방에서는 음식도 먹을 수 있고 컴퓨터도 할 수 있고 영화도 볼 수 있었습니다.

우리는 뜨거운 방에 들어가서 이야기를 했습니다. 뜨거운 방에서는 땀이 많이 났지만 기분이 참 좋았습니다. 땀이 난 후에 먹는 시원한 팥빙수와 삶은 계란은 정말 맛있었습니다.

친구들과 저는 찜질방에서 참 즐거웠습니다. 다음에 또 가고 싶습니다.

대답하세요

1. 찜질방에는 어떤 방들이 있습니까?
2. 찜질방에서는 무엇을 할 수 있습니까?
3. 찜질방에서 무엇을 먹었습니까?

단어와 표현

찜질방	먼저	뜨겁다	들어가다
땀	나다	팥빙수	삶다
계란	또	인사하다	눈물
콧물	값		

◉ 먼저

- 먼저 저부터 노래를 하겠습니다.
- 교실에 오면 먼저 친구들과 서로 인사하세요.
- 고향에 가서 제일 먼저 하고 싶은 일이 뭐예요?
-

◉ 땀(눈물, 콧물)이 나다

- 감기 때문에 콧물이 나요.
- 날씨가 더워서 땀이 많이 나요.
- 영화가 너무 슬퍼서 눈물이 많이 났어요.
-

◉ 또

- 내일 또 만납시다.
- 과일 값이 또 올랐어요.
- 조금 전에 빵을 먹었는데 또 먹어요?
  – 이 빵이 너무 맛있어서요.
-

조금 더 공부해요

들어가다

들어오다

나가다

나오다

문법 1 V-기 전에

- 밥을 먹기 전에 꼭 손을 씻으세요.
- 고향에 돌아가기 전에 모두 같이 파티를 하는 게 어때요?
- 한국에 오기 전에 뭘 했어요?
  - 회사에 다녔어요.

연 습

1. 〈보기〉와 같이 대화를 만드세요.

보기

가 : 언제 청소를 할 거예요?

나 : 친구들이 오기 전에 할 거예요.

1) 

가 : 언제 아침을 먹어요?

나 : ______________________.

2) 

가 : 언제 시장에 갔어요?

나 : ______________________.

3) 

가 : 언제 비행기 표를 예매해야 해요?

나 : ______________________.

4) 

가 : 언제 목욕을 했어요?

나 : ______________________.

문법 2 V-(으)ㄴ 후에

- 밥을 먹은 후에 이를 닦아요.
- 음식을 만든 후에 친구들에게 전화를 했어요.
- 언제 운동하러 갈 거예요?
  - 수업이 끝난 후에 가려고 해요.

연 습

1. 〈보기〉와 같이 대화를 만드세요.

보기

가 : 언제 잘 거예요?

나 : 숙제를 한 후에 잘 거예요.

1) 

가 : 언제 약을 먹어야 해요?

나 : ______________________________.

2) 

가 : 언제 김 선생님을 만날 거예요?

나 : ______________________________.

3) 

가 : 언제 영화를 볼 거예요?

나 : ______________________________.

4) 

가 : 언제 노래방에 갈 거예요?

나 : ______________________________.

종합연습

1. 〈보기〉와 같이 대화를 만드세요.

보기

가 : 언제 밥을 먹어요?

나 : 학교에 가기 전에 먹어요.

1) 

가 : 언제 청소를 했어요?

나 : ______________________.

2) 

가 : 언제 샤워를 했어요?

나 : ______________________.

3) 

가 : 언제 맥주를 마셨어요?

나 : ______________________.

4) 

가 : 언제 찜질방에 갔어요?

나 : ______________________.

5) 

가 : ______________________.

나 : ______________________.

2. 알맞은 단어를 골라 문장에 맞게 쓰세요.

처음	오래간만	먼저	또	값

1) 작년보다 집(   )이/가 많이 올랐어요.

2) 정말 (   )이에요.
   - 두 달 동안 못 만났지요? 잘 지냈어요?

3) 비빔냉면을 먹어 봤어요?
   - 네, 어제 (   ) 먹었는데 참 맛있었어요.

4) 제니퍼 씨는 어디에 있어요?
   - 남자 친구에게 (   ) 전화하고 있을 거예요.

5) 저는 할 일이 있으니까 (   ) 가세요.
   - 그래요? 그럼 내일 봅시다.

3. 잘 듣고 질문에 대답하세요.

1) ① 가족 ② 인사 ③ 음식 ④ 여행

2) 밥을 먹은 후에 하는 인사는 뭐예요? (   )

3) 맞으면 ○, 틀리면 ×하세요.
   ① '안녕히 주무세요' 는 아침에 하는 인사예요. (   )
   ② 밥 먹기 전에 하는 인사는 '잘 먹겠습니다' 예요. (   )
   ③ 두 사람은 주말에 소영 씨 집에서 같이 지낼 거예요. (   )

4. 알맞은 표현을 골라 문장에 맞게 쓰세요.

V-기 전에　　　V-(으)ㄴ 후에　　　A-아/어지다

선생님 오늘 왜 학교에 안 왔어요? 무슨 일 있어요?

학　생 죄송합니다. 감기에 걸려서 못 갔어요.

선생님 요즘 날씨가 ____________ 감기에 걸린 사람들이 많아요. (춥다)
병원에 갔다 왔어요?

학　생 네, 어제 수업이 ____________ 병원에 갔다 왔어요. (끝나다)
그리고 감기약도 샀어요.

선생님 약을 ____________ 식사를 꼭 하세요. (먹다)

학　생 네, 알겠습니다.

선생님 내일은 학교에 올 수 있어요?

학　생 네, 갈 수 있을 거예요.

선생님 그럼, 내일 학교에서 만나요.

5. 〈보기〉와 같이 여러분의 하루 생활을 말해 보세요.

보기

읽 기

♣ 다음의 글을 잘 읽고 질문에 대답해 보세요.

여러분 안녕하세요? 날씨가 많이 더워졌지요? 오늘부터 즐거운 여름 방학인데 특별한 계획이 있어요?

날씨가 더워지면 강과 바다로 수영을 하러 가는 사람들이 많습니다. ___㉠___ 강과 바다에서 수영하는 것은 위험하니까 수영을 잘하는 사람들도 항상 조심해야 합니다. 먼저 수영을 하기 전에는 꼭 준비 운동을 하세요. 그리고 식사를 한 후에는 조금 쉬고 물에 들어가세요. 물에서 너무 오래 놀지 마세요. 수영을 한 후에는 몸을 잘 씻어야 합니다.

그럼 방학 잘 지내고 한 달 후에 만납시다. 즐겁고 재미있는 방학 보내세요.

1. 수영을 하기 전에는 무엇을 해야 해요?

2. ㉠에 알맞은 말을 고르세요.

   ① 그리고 ② 그런데 ③ 그래서 ④ 그렇지만

3. 내용과 다른 것을 고르세요.

   ① 강과 바다에서 수영하는 것은 위험해요.
   ② 방학은 오늘부터 한 달 동안이에요.
   ③ 수영을 한 후에 준비 운동을 해야 해요.
   ④ 식사를 한 후에는 조금 쉬어야 해요.

강	위험하다	조심하다	오래	보내다

14 저한테 무슨 색깔이 어울릴 것 같아요?

I

아사코 제니퍼 씨, 원피스가 아주 예쁘네요. 새 옷이에요? 비싼 옷인 것 같아요.

제니퍼 3년 전에 어머니한테 선물 받은 것인데 제가 제일 좋아하는 옷이에요. 예쁘지요?

아사코 네, 정말 예뻐요. 제니퍼 씨에게 참 잘 어울려요.

제니퍼 아사코 씨한테도 원피스가 잘 어울릴 것 같은데 왜 바지만 입어요?

아사코 저는 치마보다 바지가 더 편해요.

제니퍼 치마도 별로 불편하지 않아요. 자주 입으면 익숙해져요.

아사코 그래요? 그럼 저도 치마를 한번 입어 볼까요? 저한테는 무슨 색깔이 어울릴 것 같아요?

대답하세요

1. 제니퍼의 원피스는 새 옷이에요?
2. 아사코는 왜 바지만 입어요?

단어와 표현

원피스	새	어울리다	편하다
별로	불편하다	한번	색깔
주머니	밝다		

◉ 어울리다

- 모자가 팀 씨에게 참 잘 어울려요.
- 이 옷에는 저 가방이 어울리지 않아요.
- 원피스와 구두가 정말 잘 어울리네요.
-

◉ 편하다 (↔ 불편하다)

- 집에서 지하철역까지 가까워서 편합니다.
- 수업 시간에 사전이 없으면 불편하지요?
- 이 옷에는 주머니가 없어서 아주 불편해요.
-

◉ 별로 A/V-지 않다

- 제 방은 별로 크지 않지만 밝아요.
- 저는 술 마시는 것을 별로 좋아하지 않아요.
- 이 책이 좀 어렵지요?
  – 아니요, 별로 어렵지 않아요.
-

◉ 한번 V-아/어 보다

- 저 책을 한번 읽어 보고 싶어요.
- 제가 만들었어요. 한번 드셔 보세요.
- 어제 요가를 한번 해 봤는데 별로 어렵지 않았어요.
-

문법 1 N인 것 같다

- 저 분은 한국어 선생님인 것 같아요.
- 머리도 아프고 열도 있어요. 감기인 것 같아요.
- 민지 씨하고 같이 가는 분이 누구예요?
  - 글쎄요. 민지 씨의 어머니인 것 같아요.

연 습

1. 〈보기〉와 같이 쓰세요.

보기

한국 사람인 것 같아요.

1) 

이분이 ______________________.

2) 

여기가 ______________________.

3) 

이 사람은 ______________________.

4) 

이것은 ______________________.

문법 2 A-(으)ㄴ/(으)ㄹ 것 같다, V-(으)ㄴ/는/(으)ㄹ 것 같다

- 요즘 바쁜 것 같아요.
- 어제 시험을 잘 본 것 같아요.
- 밖에 바람이 많이 부는 것 같아요.
- 상우 씨도 생일 파티에 올 것 같습니다.
- 티누 씨는 요즘 아르바이트를 하는 것 같아요.
- 오늘 기분이 좋은 것 같은데 무슨 일이 있어요?
- 이 영화가 재미있을 것 같은데 같이 보러 갈래요?

연습

1. 〈보기〉와 같이 쓰세요.

> 보기 지금 밖에 눈이 오는 것 같아요. (오다)

1) 상우 씨는 내일 바다를 보러 ________ 것 같아요. (가다)

2) 이 책은 저한테 너무 ________ 것 같아요. (어렵다)

3) 아사코 씨는 지난 주말에 영화를 보고 ________ 것 같아요. (울다)

4) 선생님은 어제 학생에게 재미있는 이야기를 ________ 것 같아요. (듣다)

5) 어제 날씨보다 오늘 날씨가 ________ 것 같아요. (춥다)

6) 사람들이 저 영화를 많이 봐요. 영화가 ________ 것 같아요. (재미있다)

7) 에릭 씨는 어제 선생님과 함께 김치를 ________ 것 같아요. (만들다)

8) 팀 씨는 액션 영화를 ________ 것 같아요. (좋아하다)

II

아 사 코 아주머니, 원피스 좀 보여 주세요.

아주머니 이건 어때요? 파란색과 하얀색 줄무늬가 있어서 예쁘지요? 한번 입어 보세요.

* *

아주머니 정말 잘 어울리네요. 모델처럼 예뻐요.

아 사 코 그래요? 그런데 치마가 너무 짧은 것 같아요.

아주머니 요즘은 짧은 치마가 유행이에요.

아 사 코 아주머니, 다른 원피스도 입어 볼 수 있어요?

아주머니 마음에 드는 옷이 있어요?

아 사 코 저기 분홍색 꽃무늬 원피스 좀 보여 주세요.

대답하세요

1. 아사코는 어떤 옷을 입어 봤어요?
2. 요즘은 어떤 옷이 유행이에요?

단어와 표현

파란색	하얀색	줄무늬	모델
처럼	유행	들다	분홍색
꽃무늬	인형		

◉ 유행이다(유행하다)

- 요즘 어떤 음악이 유행이에요?
- 감기가 유행이니까 조심하세요.
- 작년에는 큰 가방이 유행했는데 올해는 작은 가방이 유행이에요.
-

◉ 마음에 들다

- 이 인형이 제일 마음에 들어요.
- 마음에 드는 것이 있으면 말하세요.
- 아직 마음에 드는 사람을 못 만났어요?
  - 네, 좋은 사람이 있으면 소개해 주세요.
-

조금 더 공부해요

원피스

블라우스

스웨터

셔츠

재킷

반바지

청바지

코트

문법 N처럼

- 제 동생은 농구 선수처럼 키가 커요.
- 저 영화배우처럼 멋있는 남자가 좋아요.
- 한국 사람처럼 한국어를 잘하고 싶은데 어떻게 하면 좋을까요?

연습

1. 〈보기〉와 같이 문장을 만드세요.

보기

가수처럼 노래를 잘해요.

1) 

________________ 한국말을 잘해요.

2) 
________________ 마음이 넓어요.

3) 
________________________________.

4) 
________________________________.

2. 어울리는 문장을 찾아서 연결하세요.

1) 우리 집처럼 •	• 빨라요.
2) 곰 인형처럼 •	• 멋있어요.
3) 영화배우처럼 •	• 편해요.
4) 비행기처럼 •	• 귀여워요.

함께 해요

♣ 반 친구들을 보고 이야기해 봅시다.

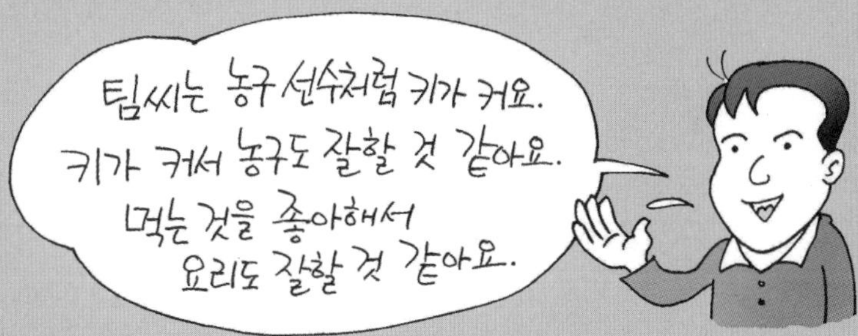

	그 친구가 어때요?
 이름: ________	• • •
 이름: ________	• • •

종합연습

1. 알맞은 단어를 골라 문장에 맞게 쓰세요.

익숙해지다	편하다	어울리다	유행이다	마음에 들다

1) 제니퍼 씨에게는 밝은 색깔의 옷이 (   ).

2) 아사코 씨, 이게 어제 산 사전이에요?
   - 네, 싸고 가벼워서 (   ).

3) 요즘 반바지가 (   ) 한번 입어 보는 게 어때요?
   - 반바지는 저에게 안 어울릴 것 같아요.

4) 지금은 한국 생활에 (   ) 불편하지 않습니다.

5) 내일 무엇을 준비해야 해요?
   - 산에 가니까 (   ) 신발을 준비하세요.

2. 〈보기〉와 같이 문장을 만드세요.

> 보기 외국 사람인데 한국 사람처럼 한국말을 잘해요.

1) ______________________ 봄처럼 따뜻해요.

2) ______________________ 시장처럼 싸요.

3) ______________________ 여자처럼 예뻐요.

4) ______________________ 가수처럼 노래를 잘해요.

5) 나처럼 ____.

3. 알맞은 말을 고르세요.

1) 티누 씨가 어제 저녁을 안 (먹는 / 먹은) 것 같아요.

2) 소영 씨는 매일 공원에서 (운동하는 / 운동한) 것 같아요.

3) 내일은 투이 씨 생일 파티를 (한 / 할) 것 같아요.

4) 팀 씨가 지난 주말에 술을 많이 (마시는 / 마신) 것 같아요.

5) 민지 씨가 어젯밤에 잠을 못 (자는 / 잔) 것 같아요.

4. 〈보기〉와 같이 문장을 만드세요.

보기 상우 씨가 전화를 안 받아요.
→ 지금 바쁜 것 같아요.

1) 파란색 옷을 입은 사람이 많아요.
→ ________________.

2) 제니퍼 씨가 웃고 있어요.
→ ________________.

3) 하늘이 아주 흐려요. 그리고 바람도 불어요.
→ ________________.

4) 에릭 씨가 학교에 안 왔어요.
→ ________________.

5) 팀 씨는 한국어 시험에서 항상 백 점을 받아요.
→ ________________.

5. 〈보기〉와 같이 문장을 만드세요.

보기
정말 맛있을 것 같아요.

1)  ______________________________.

2)  ______________________________.

3)  ______________________________.

4) 

______________________________.

6. 다음을 듣고 질문에 답하세요.

1) ① 은행 ② 약국 ③ 식당 ④ 백화점

2) ① 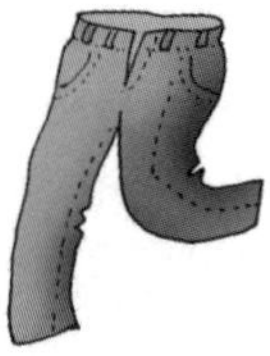 ②  ③  ④ 

3) 맞으면 ○, 틀리면 ×하세요.

① 처음에 입은 반바지가 조금 작았습니다. ( )

② 팀 씨는 하얀색 티셔츠가 마음에 들었습니다. ( )

③ 요즘은 파란색이 유행입니다. ( )

읽기

♣ 다음 글을 잘 읽고 질문에 대답해 보세요.

지난 주말에 나는 친구들과 함께 한국 전통 문화를 배우러 서당에 갔습니다. 서당은 학교의 옛날 이름입니다. 우리는 서당에서 수업을 시작하기 전에 먼저 예쁜 한복을 입었습니다. 그리고 한국 전통 인사를 배웠습니다. 한국의 전통 인사는 좀 복잡하고 어려웠습니다. 전통 인사를 배운 후에는 '아리랑' 도 부르고 녹차도 마셨습니다. 서당에서 한복을 입고 차를 마시는 것이 재미있었습니다. 친구들과 사진도 많이 찍었습니다. 다른 친구들에게 ㉠이곳을 소개해 주고 싶습니다. 친구들이 좋아할 것 같습니다.

1. 서당이 무엇입니까?

2. ㉠은 어디입니까? 찾아 쓰세요.

______________________________.

3. 내용과 다른 것을 고르세요.
   ① '나'는 서당에서 한국어를 배웠습니다.
   ② 수업을 시작하기 전에 한복을 입었습니다.
   ③ 전통 인사를 배운 후에 녹차를 마셨습니다. .
   ④ 서당에서 한국 전통 문화를 배울 수 있습니다.

서당 한복 아리랑

15 방 안에서 담배를 피우면 안 돼요

I

팀 상우 씨, 담배를 피우고 싶은데 창문을 열어도 돼요?

상우 기숙사 방 안에서 담배를 피우면 안 돼요.

팀 그럼, 화장실에서는요?

상우 화장실에서도 담배를 피우면 안 돼요. 기숙사 안에서는 담배를 피울 수가 없어요. 기숙사 규칙을 안 읽어 봤어요?

팀 자세히 안 읽어 봐서 잘 모르겠어요. 또 어떤 규칙이 있어요?

상우 방에서 술을 마시면 안 되고 밤 11시까지 기숙사에 들어와야 해요.

팀 그래요? 이 규칙들을 반드시 지켜야 해요?

대답하세요

1. 팀은 왜 창문을 열려고 했어요?
2. 기숙사에는 어떤 규칙들이 있어요?

단어와 표현

규칙	자세히	반드시	지키다
정답	쓰레기	쓰레기통	버리다
비밀			

◉ 자세히

- 더 자세히 알고 싶으면 질문하세요.
- 선생님께서 문법을 자세히 설명해 주셨어요.
- 이 책을 읽어 봤어요?
  - 네, 읽어 봤지만 자세히 안 읽었어요.
-

◉ 모르겠다

- 12번 문제의 정답을 잘 모르겠어요.
- 그 친구 전화번호는 아는데 주소는 잘 모르겠어요.
- 오늘 가장 일찍 온 사람이 누구예요?
  - 잘 모르겠어요.
-

◉ 반드시

- 반드시 올해 졸업해야 해요.
- 쓰레기는 반드시 쓰레기통에 버리세요.
- 이번에는 반드시 장학금을 받고 싶어요.
-

◉ N을/를 지키다

- 기숙사 규칙을 지켜 주세요.
- 비밀을 지키는 일은 쉽지 않아요.
- 저는 약속을 잘 지키는 사람을 좋아해요.
-

문법 1 V-아/어도 되다

- 지금 음악을 들어도 돼요?
- 수업 시간에 음식을 먹어도 돼요?
- 여기서 사진을 찍어도 됩니까?
  - 네, 찍어도 돼요.

연 습

1. 〈보기〉와 같이 대화를 만드세요.

보기

가 : 책이 없는데 봐도 돼요?

나 : 네, 보세요.

1) 

가 : 이 사전을 ____________________?

나 : 네, 보세요.

2) 

가 : 창문을 ____________________?

나 : 네, 여세요.

3) 

가 : 여기 ____________________?

나 : 네, 앉으세요.

4) 

가 : 지금 ____________________?

나 : 네, 드세요.

5) 

가 : 지금 화장실에 ____________________?

나 : 네, 가세요.

문법 2 V-(으)면 안 되다

- 수업 시간에 자면 안 됩니다.
- 여기에 쓰레기를 버리면 안 돼요.
- 지금 나가도 돼요?
  - 아니요, 지금 나가면 안 돼요.

연습

1. 〈보기〉와 같이 대화를 만드세요.

보기

가 : 박물관에서 사진을 찍어도 돼요?

나 : 아니요, 찍으면 안 돼요.

1)

가 : 공원에서 술을 마셔도 돼요?

나 : ______________________.

2)

가 : 수업 시간에 음악을 들어도 돼요?

나 : ______________________.

3)

가 : 산에 가는데 구두를 신어도 돼요?

나 : ______________________.

4)

가 : 10시까지 가도 돼요?

나 : ______________________.

5)

가 : 비행기 안에서 전화를 해도 돼요?

나 : ______________________.

II

마 이 클　아주머니, 이 방이 마음에 드는데 이번 주말에 이사할 수 있어요?

아주머니　물론이에요. 그런데 자취해 봤어요?

마 이 클　아뇨. 학교 기숙사에서 생활해서 자취는 처음이에요.

아주머니　그래요? 자취 생활은 기숙사 생활보다 힘들 거예요.

마 이 클　네, 친구들한테서 들었어요.

아주머니　우리 집에서는 밤에 세탁기를 사용하면 안 되고 시끄럽게 떠들면 안 돼요.

마 이 클　네, 알겠어요. 친구들이 놀러 와도 돼요?

아주머니　네, 놀러 와도 돼요. 데리고 오세요.

대답하세요

1. 마이클은 언제 이사 가려고 해요?
2. 이사하는 집에서는 무엇을 하면 안 돼요?

단어와 표현

이사하다	자취하다	아뇨	생활하다
힘들다	세탁기	시끄럽다	떠들다
데리다	모시다		

◉ 이사하다, 이사(를) 가다 (↔ 오다)

• 언제 이사하려고 해요?

• 며칠 전에 여기로 이사 왔습니다.

• 다음 주에 학교 앞으로 이사 가요.

– 내가 좀 도와줄까요?

•

◉ 힘들다

• 힘든 일이 있으면 말하세요.

• 유학 생활이 힘들지만 재미있어요.

• 자취 생활이 생각보다 힘드네요.

– 익숙해지면 괜찮아질 거예요.

•

◉ N을/를 데리고 오다 (↔ 가다)

• 형은 동생을 데리고 스케이트장에 갔어요.

• 선생님께서 학생들을 데리고 부산에 가셨어요.

• 파티에 제 남자 친구를 데리고 가도 돼요?

– 그럼요. 데리고 오세요.

•

N을/를 모시고 오다 (↔ 가다)

• 할머니를 모시고 병원에 갔다 왔어요.

• 학교에 부모님을 꼭 모시고 오세요.

•

문법 A-게

- 가방을 아주 싸게 샀어요.
- 제가 만든 음식이에요. 맛있게 드세요.
- 내일은 시험을 보니까 늦게 오면 안 돼요.

연 습

1. 알맞은 말을 골라 〈보기〉와 같이 대화를 만드세요.

맛있다 재미있다 따뜻하다 늦다 짧다 깨끗하다

보기

가 : 그 책 다 읽었어요?

나 : 네, 재미있게 읽었어요.

1) 

가 : 머리를 잘랐어요?

나 : ______________________.

2) 

가 : 방청소를 했어요?

나 : ______________________.

3) 

가 : 소영 씨가 만든 김밥을 먹었어요?

나 : ______________________.

4) 

가 : 날씨가 추운데 옷을 많이 입었어요?

나 : ______________________.

5) 

가 : 일찍 일어났어요?

나 : ______________________.

함께 해요

♣ 친구들과 이야기를 해 봅시다.

1. 누가 학교에 늦게 왔어요?

2. 누가 이야기를 재미있게 해요?

3. 무슨 물건을 싸게 샀어요?

4. 무슨 영화를 재미있게 봤어요?

5. 누가 머리를 짧게 잘랐어요?

6. 누가 옷을 멋있게 입어요?

7. 누가 시끄럽게 떠들어요?

8. 누가 음식을 맛있게 만들어요?

9. 누가 늦게 자요?

종합연습

1. 알맞은 말을 골라 문장에 맞게 쓰세요.

떠들다	데리다	자취하다	지키다	들어오다

1) 요즘 학교 앞에서 (   )고 있어요.

2) 몇 시까지 기숙사에 (   )아/어야 해요?

3) 동생들을 (   )고 시내에 갔어요.

4) 다른 사람들이 공부하고 있어서 시끄럽게 (   )(으)면 안 돼요.

5) 기숙사 규칙들을 잘 (   )아/어야 합니다.

2. 〈보기〉와 같이 문장을 만드세요.

> **보기** 가 : 과자를 먹어도 돼요?
> 나 : 아니요, 과자를 먹으면 안 돼요.

1) 가 : 밤에 세탁기를 사용해도 돼요?
   나 : 아니요, ______________________________.

2) 가 : 집에 먼저 가도 돼요?
   나 : 네, ______________________________.

3) 가 : ______________________________?
   나 : 아니요, 담배를 피우면 안 돼요.

4) 가 : 문을 닫아도 돼요?
   나 : 아니요, ______________________________.

5) 가 : ______________________________?
   나 : 네, 극장에서 팝콘을 먹어도 돼요.

3. 〈보기〉와 같이 대화를 만드세요.

보기

가 : 운동화를 신어도 돼요?

나 : 아니요, 운동화를 신으면 안 돼요.

1) 

가 : 콜라를 마셔도 돼요?

나 : 아니요, ____________________.

2) 

가 : 선생님, 책을 내일 드려도 돼요?

나 : 네, ____________________.

3) 

가 : 오후에 표를 사도 돼요?

나 : 아니요, ____________________.

4) 

가 : 밤에 전화해도 돼요?

나 : 네, ____________________.

5) 

가 : 주말에 이사해도 돼요?

나 : 아니요, ____________________.

4. 잘 듣고 맞는 답을 고르세요.

1) ①  ②  ③  ④ 

2) 맞으면 ○, 틀리면 ×하세요.

① 에릭 씨와 제니퍼 씨는 매점에 같이 가요. ( )

② 제니퍼 씨는 매점에서 빵을 먹을 거예요. ( )

③ 두 사람은 도서관에서 만날 거예요. ( )

④ 매점은 도서관 안에 있어요. ( )

5. 여러분 나라에서는 무엇을 하면 안 돼요? 〈보기〉와 같이 이야기해 보세요.

보기 도서관에서 크게 이야기하면 안 돼요.

1) 지하철에서 ______________________.

2) 수업 시간에 ______________________.

3) 극장에서 ______________________.

4) ______________________.

6. 무엇을 하면 안 돼요? 무엇을 해도 돼요? 친구와 이야기해 보세요.

1) 여러분이 아버지/어머니예요. 아이들에게 어떻게 말할 거예요?

무엇을 하면 안 돼요?	무엇을 해도 돼요?
• ______________	• ______________
• ______________	• ______________

2) 여러분이 선생님이에요. 학생들에게 어떻게 말할 거예요?

무엇을 하면 안 돼요?	무엇을 해도 돼요?
• ______________	• ______________
• ______________	• ______________

읽기

♣ 다음의 대화문을 잘 읽고 질문에 대답해 보세요.

요코 노약자석이 뭐예요?
상우 노약자석요? 지하철에서 봤어요?
요코 네.
상우 할머니, 할아버지처럼 연세가 많은 분들이 앉는 자리예요. 그리고 임산부와 몸이 불편한 사람들도 앉을 수 있어요.
요코 그럼, 전 ㉠거기에 앉으면 안 되겠네요. 그런데 한국에서는 지하철에서 전화해도 돼요?
상우 네, 돼요. 하지만 ㉡크게 이야기하면 안 돼요. 일본은 어때요?
요코 일본에서는 지하철에서 전화하면 안 돼요.
상우 그럼 일본 사람들은 지하철에서 뭐 해요?
요코 책을 읽는 사람도 있고 신문을 보는 사람도 있어요.

1. ㉠에 앉을 수 없는 사람은 누구입니까?

①  ②  ③  ④ 

2. ㉡과 바꿔 쓸 수 있는 것을 고르세요.

① 시끄럽게 ② 작게 ③ 조용하게 ④ 즐겁게

3. 한국의 지하철에서는 무엇을 하면 안 됩니까?

노약자석 임산부

16 방학 때 아르바이트나 여행을 해요

I

팀 상우 씨, 한국 대학생들은 방학 때 보통 뭐 해요?

상우 아르바이트나 여행을 해요. 캐나다 학생들은요?

팀 캐나다 학생들도 마찬가지예요. 상우 씨는 방학 때 뭐 할 거예요?

상우 저는 편의점에서 아르바이트를 할 거예요. 그래서 내년에 배낭 여행을 가려고 해요. 팀 씨는 뭐 할 거예요?

팀 저는 아주 특별한 계획이 있어요. 혼자 자전거를 타고 여기저기 여행하려고 해요. 자전거 여행은 많은 돈이 필요하지 않으니까 좋을 것 같아요.

상우 그러면 동해 쪽으로 가 보세요. 바닷가 경치가 참 좋아요.

대답하세요

1. 한국 대학생들은 방학 때 보통 뭐 해요?
2. 상우는 왜 아르바이트를 하려고 해요?
3. 팀은 방학 때 어떤 계획이 있어요?

단어와 표현

보통	마찬가지	배낭여행	필요하다
바닷가	종일	태국	해외여행

◉ 보통

- 주말에 보통 뭐 해요?
- 저는 보통 7시에 일어납니다.
- 한국 사람들은 아침에 보통 뭐 먹어요?
-

◉ 마찬가지이다

- 중국 사람들은 녹차를 좋아해요.
  - 그건 한국 사람들도 마찬가지예요.
- 서울에는 하루 종일 비가 오고 있어요.
  - 여기도 마찬가지예요.
-

◉ N이/가 필요하다 (↔ 필요 없다)

- 사진이 몇 장 필요해요?
- 태국에서는 겨울옷이 필요 없어요.
- 해외여행을 가려고 하는데 뭐가 필요해요?
  - 여권이 필요해요.
-

문법 N(이)나 N

- 아침에 빵이나 과일을 먹어요.
- 방학에 바다나 산에 갈 거예요.
- 내일은 바쁘니까 토요일이나 일요일에 만납시다.

연 습

1. 〈보기〉와 같이 대화를 만드세요.

보기

가 : 주말에 무엇을 해요?

나 : 축구나 농구를 해요.

1)

가 : 무슨 차를 드릴까요?

나 : ______________________.

2)

가 : 몇 시 영화를 볼까요?

나 : ______________________.

3)

가 : 무엇을 먹을까요?

나 : ______________________.

4)

가 : 제니퍼에게 무엇을 줄 거예요?

나 : ______________________.

5)

가 : 무엇을 살까요?

나 : ______________________.

2. 질문에 대답해 보세요.

1) 오늘 오후에 누구를 만날 거예요?

2) 저녁에 뭐 먹으러 갈 거예요?

3) 보통 백화점에 가서 뭘 사요?

4) 어느 나라에 여행을 가고 싶어요?

함께 해요

♣ 여러분은 여행을 하려고 해요. 무슨 물건이 필요해요? 무슨 물건이 필요 없어요?

필요한 물건	필요 없는 물건
• ______	• ______
• ______	• ______

II

보내는 사람	켄타 〈kenta@kol.com〉
받는 사람	마이클〈lawless@kol.com〉

마이클 씨, 그동안 잘 지냈어요? 보내 준 이메일과 사진 잘 받았어요. 요즘도 영어를 가르치면서 한국어를 공부하고 있어요?

나는 요즘 2급 반에서 공부하고 있는데 좀 어려운 것 같아요. 우리 학교는 다음 주부터 방학인데 마이클 씨는 휴가가 언제예요? 나는 7월 말에 한국인 친구들과 동강에 래프팅을 하러 갈 거예요. 마이클 씨도 같이 갈래요? 같이 가고 싶으면 나한테 전화를 하거나 이메일을 보내 주세요. 내 친구한테 얘기를 들었는데 참 재미있을 것 같아요. 빨리 방학을 하면 좋겠어요.

- 켄타 -

대답하세요

1. 마이클은 켄타에게 무엇을 보냈어요?
2. 켄타는 방학 때 무엇을 하려고 해요?

단어와 표현

그동안	급	휴가	말
동강	래프팅	얘기	초
학기			

◉ 그동안

- 그동안 잘 있었어요?
- 그동안 서울에 가서 지냈어요.
- 그동안 어떻게 지내셨어요?
  - 좀 바빴어요.
-

◉ 방학을 하다(방학이다)

- 방학을 해서 기숙사에 학생들이 별로 없어요.
- 방학을 하면 편의점에서 아르바이트를 하려고 해요.
- 언제 겨울 방학을 해요?
  - 다음 주부터 겨울 방학이에요.
-

◉ N 말 (↔ 초)

- 2월 말부터 8월 초까지 중국에 있을 거예요.
- 학기 초에는 수업 준비 때문에 항상 바빠요.
- 5월 초부터 일본어를 배우고 있는데 재미있어요.
-

문법 1 V-거나 V

- 주말에는 보통 음악을 듣거나 책을 읽어요.
- 수업이 끝나면 집에 가거나 도서관에 가요.
- 어떻게 집에 가요?
  - 버스를 타거나 지하철을 타고 가요.

연 습

1. 〈보기〉와 같이 대화를 만드세요.

보기

가 : 토요일 오후에 뭘 합니까?

나 : 쇼핑을 하거나 영화를 봅니다.

1) 

가 : 부모님이 보고 싶으면 어떻게 합니까?

나 : ______________________.

2) 

가 : 주말에 뭘 할 거예요?

나 : ______________________.

3) 

가 : 심심하면 무엇을 합니까?

나 : ______________________.

4) 

가 : 시험이 끝나면 뭘 할 거예요?

나 : ______________________.

문법 2 A/V-(으)면 좋겠다

- 빨리 시험이 끝나면 좋겠지요?
- 외국 친구가 많으면 좋겠어요.
- 한국 사람처럼 한국말을 잘하면 좋겠습니다.

연 습

1. 〈보기〉와 같이 대화를 만드세요.

보기

가 : 무슨 운동을 하고 싶어요?

나 : 축구를 하면 좋겠어요.

1)

가 : 무슨 선물을 받고 싶어요?

나 : ______________________.

2)

가 : 무슨 음식을 먹고 싶어요?

나 : ______________________.

3)

가 : 무엇을 사고 싶어요?

나 : ______________________.

4)

가 : 주말에 무엇을 하고 싶어요?

나 : ______________________.

5)

가 : 어디에 가고 싶어요?

나 : ______________________.

종합연습

1. 알맞은 단어를 골라 쓰세요.

편의점	이메일	학기	배낭여행	휴가

1) 방학을 하면 학생들은 (   )을/를 가거나 아르바이트를 해요.

2) 집 앞에 있는 (   )에서 주스를 샀어요.

3) 선생님은 (   )이/가 언제부터예요?

4) 팀 씨가 나에게 (   )을/를 보냈어요.

5) 다음 (   )에는 기숙사에서 살 거예요.

2. 〈보기〉와 같이 대화를 만드세요.

보기 가 : 왜 잠을 잘 못 잤어요?
나 : 너무 더워서 잘 못 잤어요. 에어컨이 있으면 좋겠어요.

1) 가 : 왜 책을 다 안 읽었어요?
나 : 너무 어려워서 다 못 읽었어요. ______________________.

2) 가 : 왜 백화점에서 옷을 안 샀어요?
나 : 비싸서 못 샀어요. ______________________.

3) 가 : 왜 도서관에서 공부를 못 했어요?
나 : 너무 시끄러워서 공부를 못 했어요. ______________________.

4) 가 : 왜 음식을 다 안 먹었어요?
나 : 매워서 다 못 먹었어요. ______________________.

3. 〈보기〉와 같이 질문에 대답해 보세요.

> **보기** 가 : 시험이 끝나면 무엇을 할 거예요?
> 나 : 자거나 영화를 볼 거예요.

1) 가 : 아침에 무엇을 먹어요?

나 : ______________________.

2) 가 : 수업이 끝나면 무엇을 해요?

나 : ______________________.

3) 가 : 생일에 무엇을 하고 싶어요?

나 : ______________________.

4) 가 : 방학 때 무엇을 할 거예요?

나 : ______________________.

4. 친구들과 이야기를 해 봅시다.

5. 잘 듣고 질문에 대답하세요.

1) ①  ②  ③ 

④ 

2) 맞으면 ○, 틀리면 ×하세요.

① 소영 씨는 이번 겨울에 스키장에 못 갔어요. (　　)

② 소영 씨는 스노보드보다 스키를 더 잘 타요. (　　)

③ 팀 씨는 스키를 타러 고향에 갔다 왔어요. (　　)

6. 여러분은 무엇을 하면 좋겠어요? 써 보세요.

보기 나는 춤을 잘 추면 좋겠어요.

- ______________________________.
- ______________________________.
- ______________________________.
- ______________________________.
- ______________________________.
- ______________________________.

읽기

♣ 다음의 대화문을 잘 읽고 질문에 대답해 보세요.

민지 팀 씨, 한국에서는 보통 도서관에서 이야기를 하면 안 돼요. 캐나다도 마찬가지지요?

팀 아니요, 우리나라에서는 도서관에서 작게 이야기를 해도 괜찮아요. 그래서 저는 모르는 문제가 있으면 옆에 있는 친구에게 자주 물어 봤어요.

민지 그래요? 참, 휴대 전화는 진동으로 바꾸었어요?

팀 아뇨, 왜요?

민지 전화가 오면 벨소리가 너무 시끄러워서 다른 사람들이 싫어해요. 빨리 진동으로 바꾸세요.

팀 알겠어요. 그런데 도서관에서 빵은 먹을 수 있어요?

민지 안 돼요. 도서관에서 빵을 먹거나 주스를 마시면 안 돼요.

팀 그래요? 내 가방 안에 샌드위치가 있는데 어떻게 하지요?

민지 여기에서 먹고 들어가요.

1. 도서관에서 왜 휴대 전화를 진동으로 바꿔야 해요?

2. 도서관에서 무엇을 하면 안 돼요?

3. 맞으면 ○, 틀리면 ×하세요.
   1) 한국에서는 도서관에서 음식을 먹어도 돼요. (　　)
   2) 캐나다에서는 도서관에서 이야기를 하면 안 돼요. (　　)
   3) 팀은 민지에게 모르는 문제를 물어 봐요. (　　)
   4) 두 사람은 공부를 하고 샌드위치를 먹을 거예요. (　　)

진동　　벨소리　　샌드위치

17 라면은 어떻게 끓여요?

I

팀 소영 씨, 집에 밥이 없으면 보통 뭘 먹어요?

소영 빵이나 라면을 먹어요.

팀 라면은 어떻게 끓여요?

소영 먼저 냄비에 물을 세 컵 넣고 끓여요. 물이 끓으면 라면과 스프를 넣으세요.

팀 계란은 언제 넣어요?

소영 라면을 넣고 나서 계란을 넣어요. 그리고 마지막에 파나 김치를 넣으면 더 맛있을 거예요.

팀 가르쳐 줘서 고마워요.

소영 갑자기 라면이 먹고 싶네요.

대답하세요

① 소영은 언제 라면을 먹어요?

② 라면에 무엇을 넣으면 더 맛있어요?

단어와 표현

끓이다	냄비	컵	넣다
끓다	스프	파	갑자기
설탕	지갑	고등학생	

◉ N이/가 끓다

- 물이 끓으면 계란을 넣으세요.
- 김치찌개가 다 끓었으니까 먹으러 오세요.
-

N을/를 끓이다

- 커피를 마시려고 물을 끓였어요.
- 미역국을 끓일 줄 알면 좀 가르쳐 주세요.
-

◉ N을/를 넣다

- 커피에 설탕을 넣을까요?
- 가방에 책과 사전을 넣었어요.
- 지갑에 삼만 원을 넣었습니다.
-

◉ 갑자기

- 축구를 하는데 갑자기 비가 왔어요.
- 눈이 오니까 갑자기 그 사람이 보고 싶어요.
- 고등학생이 된 후에 갑자기 키가 많이 컸어요.
-

문법 V-고 나서

- 공부하고 나서 음악을 들었어요.
- 신문을 보고 나서 텔레비전을 봐요.
- 저녁을 먹고 나서 뭐 할 거예요?
  - 저녁 먹고 나서 운동하러 갈 거예요.

연 습

1. 〈보기〉와 같이 대화를 만드세요.

보기

가 : 언제 영화를 볼 거예요?

나 : 공부를 하고 나서 볼 거예요.

1)

가 : 언제 맥주를 마셔요?

나 : ______________________.

2)

가 : 지금 친구 집에 갈 거예요?

나 : ______________________.

3)

가 : 언제 감기약을 먹었어요?

나 : ______________________.

4)

가 : 언제 잘 거예요?

나 : ______________________.

함께 해요

♣ 여러분은 주말에 무엇을 했어요? 친구들과 이야기해 봅시다.

보기

		→ 	→ 
팀	텔레비전을 보다	밥을 먹다	공부를 하다

→ 팀 씨는 텔레비전을 보고 나서 밥을 먹었어요. 밥을 먹고 나서 공부를 했어요.

나		→	→
친구 1		→	→
친구 2		→	→
친구 3		→	→
선생님		→	→

II

소영 씨가 어제 라면 끓이는 법을 가르쳐 주었습니다. 그래서 점심때 라면을 끓여 보았습니다.

먼저 냄비에 물을 3컵 넣고 끓였습니다. 물이 끓고 나서 라면과 스프를 넣었습니다. 나는 매운 음식을 좋아하기 때문에 김치를 넣었습니다. 계란은 없어서 넣지 못했습니다. 5분 후에 불을 끄고 라면을 먹었습니다.

김치를 많이 넣어서 아주 매웠지만 맛있었습니다. 다음에는 양파나 감자를 넣어서 끓여 보고 싶습니다. 치즈도 넣으면 맛이 더 좋을 것 같습니다.

대답하세요

1. 라면에 무엇을 넣었습니까?
2. 팀이 끓인 라면 맛은 어땠습니까?

단어와 표현

법	불	끄다	양파
감자	맛	켜다	촛불

◉ V-는 법

- 사진 잘 찍는 법을 배우고 싶어요.
- 스파게티를 맛있게 만드는 법을 알아요?
- 제니퍼 씨가 케이크 만드는 법을 가르쳐 주었어요.
-

◉ N을/를 끄다 (↔ 켜다)

- 라면이 끓으면 불을 꺼야 해요.
- 너무 더워서 에어컨을 켰어요.
- 생일 축하 노래가 끝나고 나면 촛불을 끄세요.
-

조금 더 공부해요

❀ 음식 맛

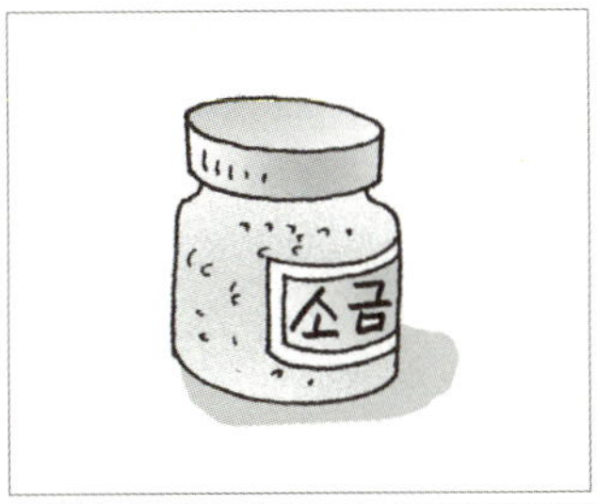

짜다

맵다

시다

달다

쓰다

싱겁다

문법 1 A/V-기 때문에

- 버스가 복잡하기 때문에 일찍 가야 합니다.
- 어제는 다리가 아팠기 때문에 산에 못 갔어요.
- 한국말을 잘 못하기 때문에 한국 생활이 불편해요.

연습

1. 〈보기〉와 같이 알맞은 말을 골라 대화를 만드세요.

비가 오다　술을 마시다　맵다　바쁘다　시험이 있다　친구를 만나다

보기

가 : 왜 야구를 못 해요?

나 : 비가 오기 때문에 야구를 할 수 없어요.

1) 

가 : 왜 같이 영화를 못 봐요?

나 : ______________________.

2) 

가 : 왜 같이 저녁을 못 먹어요?

나 : ______________________.

3) 

가 : 왜 김치를 못 먹어요?

나 : ______________________.

4) 

가 : 왜 운동을 못 해요?

나 : ______________________.

5) 

가 : 왜 운전을 못 해요?

나 : ______________________.

문법 2 N이기 때문에

- 일요일이기 때문에 수업이 없습니다.
- 고등학생이기 때문에 술을 마실 수 없어요.
- 오늘부터 방학이기 때문에 학교가 조용합니다.

연 습

1. 〈보기〉와 같이 쓰세요.

> 보기
> 가 : 왜 기차역에 사람이 많아요? (추석이다)
> 나 : 추석이기 때문에 표를 사는 사람들이 많아요.

1) 가 : 왜 극장에 사람이 많아요? (주말이다)
나 : ______________________________.

2) 가 : 왜 교실에 사람이 없어요? (방학이다)
나 : ______________________________.

3) 가 : 왜 한국말을 잘 못해요? (1급 반 학생이다)
나 : ______________________________.

4) 가 : 왜 오늘은 집에 일찍 가요? (어머니 생신이다)
나 : ______________________________.

5) 가 : 왜 도서관에 사람이 많아요? (다음 주부터 시험이다)
나 : ______________________________.

종합연습

1. 알맞은 표현을 골라 〈보기〉와 같이 대화를 만드세요.

V-고 나서	V-는 법	A/V-기 때문에	N이기 때문에

보기 가 : 무엇을 배우고 싶어요?
나 : 불고기를 만드는 법을 배우고 싶어요.

1) 가 : 라면을 끓이고 있어요. 언제 계란을 넣어요?
나 : ______________________.

2) 가 : 젓가락을 사용할 줄 알아요?
나 : 네, 알아요.
가 : ______________ 가르쳐 주세요.

3) 가 : 언제 고향으로 돌아갈 거예요?
나 : ______________________.

4) 가 : 김치찌개를 끓일 줄 알아요?
나 : ______________________.

5) 가 : 왜 방청소를 해야 해요?
나 : ______________________.

6) 가 : 왜 버스를 타지 않고 걸어서 가요?
나 : ______________________.

7) 가 : 오늘 수업 시간에 왜 늦었어요?
나 : ______________________.

2. 〈보기〉와 같이 질문에 대답해 보세요.

> **보기** 가 : 언제 저녁을 먹었어요?
> 나 : 쇼핑을 하고 나서 저녁을 먹었어요.

1) 가 : 졸업 후에 무엇을 하고 싶어요?
   나 : ______________________________.

2) 가 : 집에 돌아와서 뭘 했어요?
   나 : ______________________________.

3) 가 : 시내에 가서 뭘 했어요?
   나 : ______________________________.

4) 가 : 언제 친구를 만날 거예요?
   나 : ______________________________.

3. 여러분은 무엇을 좋아해요? 왜 좋아해요? 이야기를 해 봅시다.

> **보기** 제가 좋아하는 요일은 토요일입니다. 토요일에는 수업이 없기 때문에 집에서 쉴 수 있습니다.

	나	왜?	친구	왜?
좋아하는 음식				
좋아하는 영화				
좋아하는 사람				

4. 잘 듣고 대답해 보세요.

1) ① 왕단 씨가 미역국을 못 끓이기 때문에
② 왕단 씨가 미역국을 좋아하기 때문에
③ 오늘이 왕단 씨의 생일이기 때문에

2) 맞으면 ○, 틀리면 ×하세요.
① 왕단 씨의 고향에서는 생일에 국수를 먹습니다. ( )
② 왕단 씨는 미역국을 처음 먹어 봤습니다. ( )
③ 왕단 씨는 미역국 끓이는 법을 배웠습니다. ( )

5. 알맞은 단어를 골라 문장에 맞게 쓰세요.

끓다	끄다	넣다	끓이다	켜다

1) 미역국 ( ) 법을 알면 좀 가르쳐 주세요.

2) 교실에서 마지막에 나가는 사람이 에어컨을 ( ).

3) 커피에 설탕을 ( )?
- 네, 저는 단 것을 좋아해요.

4) 지금 라면을 넣을까요?
- 아니요, 물이 ( )고 나서 넣어야 해요.

5) 날씨가 참 덥지요?
- 네, 더우니까 선풍기를 ( ).

읽기

♣ 다음 글을 잘 읽고 질문에 대답해 보세요

재료 - 미역, 소고기, 간장, 소금, 참기름

① 냄비에 참기름을 넣고 소고기를 볶습니다.

② 소고기를 볶고 나서 물을 3컵 넣고 끓입니다.

③ 물이 끓으면 미역을 넣고 다시 끓입니다.

④ 국이 끓으면 여기에 간장과 소금을 조금 넣습니다.

1. 글의 제목으로 알맞은 것을 고르세요.
   ① 미역국 끓이는 법　　② 물을 끓이는 법
   ③ 소고기를 볶는 법　　④ 재료를 준비하는 법

2. 위의 음식을 만들려면 무엇이 필요합니까?

3. 미역은 언제 넣습니까?

재료	미역	소고기	간장	소금	참기름	볶다

18 케이크는 내가 살게요

I

제니퍼 왕단 씨, 소영 씨 생일 선물을 준비했어요?

왕 단 아뇨, 아직 준비 못 했어요.

제니퍼 그럼 별일 없으면 같이 선물 사러 갈래요?

왕 단 좋아요. 그런데 무슨 선물을 살 거예요?

제니퍼 글쎄요. 음악 CD가 어떨까요?

왕 단 그거 좋은 생각이에요. 소영 씨는 영화 음악을 굉장히 좋아해요. 영화 음악 CD를 선물해요.

제니퍼 그래요? 잘됐네요. 참, 케이크도 사야 하는데…….

왕 단 케이크는 내가 살게요. 케이크가 맛있는 빵집을 알고 있어요.

대답하세요

1. 제니퍼와 왕단은 누구의 생일 선물을 사러 가요?
2. 두 사람은 왜 CD를 사려고 해요?
3. 누가 케이크를 사고 싶어해요?

단어와 표현

별일	굉장히	잘되다	소리
딸기	잃어버리다		

◉ 별일(이) 없다

- 방학 동안 별일 없었어요?
  - 네, 별일 없었어요. 잘 지냈어요.
- 일요일에 별일 없으면 같이 영화 보러 갈래요?
  - 좋아요. 무슨 영화를 볼까요?
-

◉ 굉장히

- 음악 소리가 굉장히 크네요.
- 저는 딸기를 굉장히 좋아해요.
- 오늘 날씨가 어때요?
  - 굉장히 추워요. 옷을 따뜻하게 입으세요.
-

◉ 잘됐다

- 상우 씨도 같이 여행을 가니까 정말 잘됐어요.
- 시험 준비를 못 했는데 다음 주에 시험을 보니까 잘됐어요.
- 며칠 전에 잃어버린 지갑을 찾았어요.
  - 그래요? 정말 잘됐네요.
-

문법 V-(으)ㄹ게요

- 오늘은 제가 점심을 살게요.
- 서울에 도착하면 전화할게요.
- 내일부터 일찍 오세요.
  - 네, 일찍 올게요.

연습

1. 〈보기〉와 같이 쓰세요.

보기

가 : 누가 공항에 갈 거예요?

나 : 제가 갈게요.

1)

가 : 누가 커피를 살 거예요?

나 : ______________________.

2)

가 : 누가 선생님을 도와 드릴 거예요?

나 : ______________________.

3)

가 : 누가 투이 씨에게 전화할 거예요?

나 : ______________________.

4)

가 : 누가 먼저 노래할 거예요?

나 : ______________________.

5)

가 : 누가 과일을 준비할 거예요?

나 : ______________________.

2. 〈보기〉와 같이 대화를 만드세요.

보기

가 : 열심히 공부하세요.

나 : 네, 열심히 할게요.

1) 

가 : 학교에 못 오면 선생님께 전화하세요.

나 : ______________________________.

2) 

가 : 김밥과 음료수를 준비하세요.

나 : ______________________________.

3) 

가 : 에릭 씨에게 약속 시간을 말해 주세요.

나 : ______________________________.

4) 

가 : 숙제 꼭 하세요.

나 : ______________________________.

함께 해요

♣ 우리 반 ○○ 씨의 생일 파티를 준비하려고 합니다. 여러분은 무엇을 할 거예요? 반 친구들과 같이 이야기해 보세요.

☞ 누가 생일 축하 노래를 할 거예요?	☞ 누가 춤을 출 거예요?	☞ 누가 생일 선물을 사러 갈 거예요?	☞ 누가 생일 케이크를 준비할 거예요?
☞ 누가 과일과 음료수를 준비할 거예요?	☞ 누가 카메라를 준비할 거예요?	☞ 누가 재미있는 게임을 준비할 거예요?	☞ 생일 파티가 끝나고 누가 청소할 거예요?

Ⅱ

왕 단 소영 씨, 생일 축하해요.

소 영 와 줘서 고마워요. 이쪽으로 앉으세요.

제니퍼 이거 받으세요. 생일 선물인데 소영 씨 마음에 들었으면 좋겠어요.

소 영 고마워요. 이건 내가 좋아하는 영화 음악 CD네요. 정말 갖고 싶었어요. 지금 들어 봐도 돼요?

제니퍼 물론이지요.

왕 단 저는 치즈 케이크를 사 왔어요.

소 영 맛있겠어요. 고마워요.

왕 단 뭘요. 그런데 소영 씨, 맛있는 냄새가 나요.

소 영 아, 내가 왕단 씨랑 제니퍼 씨가 좋아하는 닭찜을 만들었어요.

대답하세요

1. 제니퍼와 왕단은 소영의 생일에 무엇을 준비했어요?
2. 소영은 제니퍼가 준 선물을 좋아해요?
3. 소영은 무슨 음식을 만들었어요?

단어와 표현

갖다	냄새	닭찜	가지다
주방	향기	향수	

◉ 가지다 (= 갖다)

- 무슨 취미를 가지고 있어요?
- 이 볼펜이 마음에 들면 가지세요.
- 갖고 싶은 물건이 있으면 말하세요.
-

◉ 뭘요

- 노래를 참 잘하네요.
  - 뭘요. 잘 못해요.
- 도와주셔서 고맙습니다.
  - 뭘요. 다음에도 일이 있으면 도와 드릴게요.
-

◉ (냄새, 향기)가 나다

- 주방에서 생선 냄새가 많이 나요.
- 참 좋은 향기가 나요. 무슨 향수를 써요?
- 방 안에 음식 냄새가 많이 나는데 창문 좀 열어도 돼요?
-

문법 1 V-아/어 가다, V-아/어 오다

- 친구 집에 음료수를 사 갔어요.
- 이 책을 이번 주 목요일까지 모두 읽어 오세요.
- 숙제를 언제까지 해야 해요?
  - 내일까지 해 오세요.

연 습

1. 〈보기〉와 같이 쓰세요.

> 보기
>
> (맥주 다섯 병, 사다)
>
> → 맥주 다섯 병을 사 오세요.

1) (과일과 음료수, 사다)

→ ______________________________.

2) (케이크, 만들다)

→ ______________________________.

3) (이름, 쓰다)

→ ______________________________.

4) (쓰기 숙제, 하다)

→ ______________________________.

5) (전화번호와 주소, 알다)

→ ______________________________.

문법 2 N(이)랑 N

• 모자랑 운동화를 사려고 해요.
• 저는 딸기 주스랑 오렌지 주스를 좋아해요.
• 오후에 누구를 만날 거예요?
  – 에릭이랑 상우를 만날 거예요.

연 습

1. 〈보기〉와 같이 대화를 만드세요.

보기
가 : 어제 무슨 옷을 샀어요?
나 : 티셔츠랑 바지를 샀어요.

1)

가 : 점심에 뭘 먹을까요?
나 : ______________________.

2)

가 : 여자 친구에게 뭘 선물했어요?
나 : ______________________.

3)

가 : 무엇을 주문했어요?
나 : ______________________.

4)

가 : 어제 시내에 가서 뭘 샀어요?
나 : ______________________.

5)

가 : 친구 생일에 무슨 선물을 주면 좋을까요?
나 : ______________________.

종합연습

1. 대화를 읽고 맞는 답에 ○ 하세요.

> **보기** 가 : 주말에는 뭘 할 거예요?
> 나 : 주말에는 한국어를 공부하고 친구를 (만날 거예요 / 만날게요).

1) 가 : 이 일을 누가 할 거예요?
   나 : 투이 씨가 (할 거예요 / 할게요).

2) 가 : 외국 사람들이 불고기를 좋아할까요?
   나 : 네, 아주 (좋아할 거예요 / 좋아할게요).

3) 가 : 내일 아침 8시까지 학교에 오세요.
   나 : 네, 일찍 (갈 거예요 / 갈게요).

4) 가 : 주말인데 학교에 선생님이 계실까요?
   나 : 아마 학교에 (안 계실 거예요 / 안 계실게요).

2. 〈보기〉와 같이 쓰세요

> **보기** 내일 산에 가니까 김밥과 물을 준비하세요.
> → 내일 산에 가니까 김밥과 물을 준비해 오세요.

1) 다음 시간까지 숙제를 하세요.
   → ____________________.

2) 시장에 가면 과일을 좀 사세요.
   → ____________________.

3) 다음 주 월요일까지 이 책을 읽으세요.
   → ____________________.

4) 여기에 이름과 전화번호를 쓰세요.
   → ____________________.

3. 〈보기〉와 같이 대화를 만드세요.

보기 가 : 내일 받아쓰기 시험이 있어요?
나 : 네, 15과랑 16과를 공부하세요.

1) 가 : 배가 고픈데 뭘 시킬까요?
나 : ______________________________.

2) 가 : 배낭여행을 가려고 하는데 뭘 준비할까요?
나 : ______________________________.

3) 가 : 한국 친구 집에 가는데 뭘 사 갈까요?
나 : ______________________________.

4) 가 : 바다에 가는데 뭘 준비해 가야 할까요?
나 : ______________________________.

4. 알맞은 단어를 골라 문장에 맞게 쓰세요.

가지다 잘되다 냄새가 나다 별일이 없다 잃어버리다

1) 창문 좀 열어도 돼요? 교실에서 ( ) 것 같아요.

2) 좋은 자동차를 ( )고 있네요. 언제 사셨어요?

3) ( ) 우리 집에 오세요. 같이 저녁 먹어요.

4) 어제 교실에서 ( ) 전자사전을 찾았어요?
- 아니요, 아직 못 찾았어요.

5) 이번 시험에서 좋은 점수를 받았어요.
- ( ). 그럼 장학금을 받을 수 있어요?

5. 대화를 듣고 맞는 답을 고르세요.

1) ① 오늘 오후 5시쯤　　② 오늘 오후 6시쯤
③ 내일 오후 5시쯤　　④ 내일 오후 6시쯤

2) ① 운동화　　② 가방　　③ 티셔츠　　④ 꽃과 케이크

3) 들은 내용과 같은 것을 고르세요.
① 팀은 제니퍼에게 전화를 했어요.
② 제니퍼는 내일 바빠서 생일 파티에 못 가요.
③ 제니퍼는 팀의 생일 선물을 준비했어요.
④ 상우와 제니퍼는 내일 팀의 집에 갈 거예요.

6. 친구와 같이 이야기해 보세요.

	친구 ________	친구 ________
1) 생일에 뭘 먹어요?		
2) 생일에 뭘 선물해요?		
3) 생일에 무슨 노래를 해요?		
4) 생일에 뭘 해요?		
5) 생일에 무슨 선물을 받고 싶어요?		

7. 친구에게 생일 축하 카드를 써 보세요.

________________에게

생일 축하해요! ______________________________

____

____

____

____

읽기

♣ 다음의 글을 잘 읽고 질문에 대답해 보세요.

어제는 내 친구 마리오의 생일이었습니다. 마리오는 우리 반 선생님과 친구들을 집으로 초대했습니다. 우리는 모두 모여서 마리오의 생일 파티를 했습니다. 나는 마리오에게 선물할 한국어 책과 케이크를 사 갔습니다. 그리고 선생님은 집에서 직접 미역국을 끓여 오셨습니다. 우리는 선생님이 준비해 온 미역국을 맛있게 먹었습니다.

마리오는 우리에게 이탈리아 음식을 만들어 주었습니다. 특히 파스타는 굉장히 맛있었습니다. 지금도 그 맛을 잊을 수가 없습니다. 우리는 맛있는 저녁을 먹고 나서 차를 마시면서 즐거운 시간을 보냈습니다.

다음 주 월요일은 우리 반 선생님의 생일입니다. ______㉠______ 나는 우리 반 친구들과 깜짝 생일 파티를 준비하고 있습니다. 그날이 빨리 왔으면 좋겠습니다.

1. 마리오의 생일에 '나'는 무엇을 사 갔습니까?

2. ㉠에 알맞은 말을 고르세요.

① 그런데　② 그렇지만　③ 그래서　④ 하지만

3. 내용과 다른 것을 고르세요.

① 마리오의 생일은 어제였습니다.

② 마리오는 반 친구들과 선생님을 집으로 초대했습니다.

③ 선생님은 마리오의 생일 때 미역국을 사 오셨습니다.

④ 마리오가 만든 파스타는 정말 맛있었습니다.

직접	파스타	잊다	깜짝	그날

19 어떤 이야기인지 알아요?

I

제니퍼 상우 씨, 뮤지컬을 보고 싶은데 요즘 뭐가 재미있는지 알아요?

상 우 요즘 '미스 사이공'이 인기가 많아요.

제니퍼 그래요? 상우 씨는 봤어요?

상 우 아뇨. 아직 못 봤어요. 공연을 소개하는 라디오 프로그램에서 들었어요.

제니퍼 어떤 이야기인지 알아요?

상 우 전쟁 때 만난 두 사람의 슬픈 사랑 이야기예요.
제니퍼씨가 보면 아주 좋아할 것 같아요.

제니퍼 그럼 상우 씨, 주말에 시간이 나면 나랑 같이 뮤지컬 보러 안 갈래요?

상 우 미안해요. 나도 가고 싶지만 중요한 약속이 있어요.

대답하세요

1. 요즘 무슨 뮤지컬이 인기가 많아요?
2. 그 뮤지컬은 어떤 이야기예요?
3. 두 사람은 같이 뮤지컬을 보러 가요?

단어와 표현

인기	라디오	프로그램	전쟁
중요하다	잘생기다	연락하다	

◉ 인기가 많다, 인기가 있다 (↔ 없다)

- 요즘 인기 있는 드라마가 뭐예요?
- 그 영화배우는 요즘 인기가 별로 없는 것 같아요.
- 상우는 왜 여학생들에게 인기가 많아요?
  - 성격도 좋고 얼굴도 잘생겨서 인기가 많아요.
-

◉ 시간이 나다

- 시간이 나시면 저에게 연락하세요.
- 오늘 시간이 나면 같이 시내에 갈래요?
- 언제 시간이 나요?
  - 지금은 바쁘지만 오후에는 괜찮아요.
-

◉ 약속이 있다 (↔ 없다)

- 친구와 점심 약속이 있어요.
- 저녁에 약속이 없으면 나랑 같이 공연 보러 갑시다.
- 이번 주말에 시간이 나면 인라인 스케이트를 타러 갈까요?
  - 미안해요. 약속이 있어서 못 가요.
-

문법 A/V-(으)ㄴ/는지 알다, 모르다 N인지 알다, 모르다

- 한국 사람들은 추석에 뭐 하는지 아세요?
- 어느 회사 카메라가 좋은지 알고 있어요?
- 아사코 씨가 누구를 만났는지 모르겠어요.
- 약속 시간이 언제인지 알아요?
  - 아니요, 저도 언제인지 잘 모르겠어요.

연 습

1. 〈보기〉와 같이 쓰세요

> 보기 교실이 어디예요? 알아요?
> → <u>교실이 어디인지 알아요?</u>

1) 시험이 언제예요? 알아요?

→ ______________________________.

2) 저 사람이 누구예요? 아세요?

→ ______________________________.

3) 선영 씨가 무슨 음식을 좋아해요? 알아요?

→ ______________________________.

4) 아사코씨가 언제 도착해요? 알아요?

→ ______________________________.

5) 상우 씨가 누구를 만났어요? 아세요?

→ ______________________________.

2. 〈보기〉와 같이 대화를 만드세요

보기 (소영 씨, 어디, 가다)
가 : 소영 씨가 어디에 가는지 알아요?
나 : 네, 알아요. 백화점에 가요.
아니요, 어디에 가는지 모르겠어요.

1) (왕단 씨, 어느 학교, 다니다)

가 : ______________________________?

나 : 네, ______________________________.

2) (박 선생님, 어디, 살다)

가 : ______________________________?

나 : 아니요, ______________________________.

3) (영화, 몇 시, 시작하다)

가 : ______________________________?

나 : 네, ______________________________.

4) (투이 씨, 왜, 학교에 안 왔다)

가 : ______________________________?

나 : 아니요, ______________________________.

5) (어떤 영화, 인기가 많다)

가 : ______________________________?

나 : 네, ______________________________.

6) (무슨 음식, 맛있다)

가 : ______________________________?

나 : 네, ______________________________.

II

소 영 제니퍼 씨는 주말마다 항상 바쁜 것 같아요.
이번 주말에는 어디에 갔다 왔어요?

제니퍼 '오페라 하우스'에 가서 '미스 사이공'을 보고 왔어요.

소 영 그래요? 나도 그거 보고 싶었는데 아직 못 봤어요.
공연은 어땠어요?

제니퍼 정말 대단했어요. 그동안 본 뮤지컬 중에서 제일 감동적이었어요. 음악도 아주 좋았고요. 꼭 다시 보고 싶어요.

소 영 그런데 누구랑 같이 봤어요? 상우 씨요?

제니퍼 아뇨, 며칠 전에 소개팅에서 만난 사람과 같이 봤어요.
상우 씨는 약속이 있어서 못 갔어요.

대답하세요

1. 제니퍼는 주말에 어디에 갔다 왔어요?
2. 그 뮤지컬은 어땠어요?
3. 제니퍼는 누구와 같이 그 뮤지컬을 봤어요?

단어와 표현

마다	오페라 하우스	대단하다	중
감동적	문화	날	

◉ N마다

- 나라마다 문화가 달라요.
- 날마다 도서관에 가서 책을 읽어요.
- 쉬는 시간마다 커피를 마시러 가요.
- 아버지는 아침마다 신문을 읽으십니다.
-

◉ 감동적이다

- 그 드라마는 아주 감동적이었어요.
- 어제 본 영화에서 제일 감동적인 장면이 뭐예요?
- 이 소설책을 한번 읽어 보세요. 정말 감동적이에요.
-

◉ N도 A/V-고요

- 주말에 저는 소설책을 읽어요. 영화도 보고요.
- 요즘 영어를 공부해요. 한국어도 가르치고요.
- 시간이 나면 뭘 하세요?
  – 음악을 들어요. 운동도 하고요.
-

문법 N에서 제일/가장, N 중에(서) 제일/가장

- 서울에서 어디가 가장 복잡해요?
- 이곳은 우리나라에서 제일 유명해요.
- 사계절 중에서 가을을 가장 좋아해요.
- 한국 음식 중에서 비빔밥이 제일 맛있어요.

연 습

1. 〈보기〉와 같이 쓰세요.

보기
운동 중에서 축구가 제일 재미있어요.

1) 

한국 음식 ____________________.

2) 

사계절 ____________________.

3) 

한국 ____________________.

4) 

영화 ____________________.

5) 

우리 반 학생 ____________________.

3. 〈보기〉와 같이 대화를 만드세요

보기 (한국, 어느 산, 아름답다)
가 : 한국에서 어느 산이 제일 아름다워요?
나 : 한라산이 가장 아름다워요.

1) (학교 근처 식당, 어느 식당 음식, 맛있다)

가 : ______________________________?

나 : ______________________________.

2) (텔레비전 프로그램, 무엇, 재미있다)

가 : ______________________________?

나 : ______________________________.

3) (한국, 어디, 유명하다)

가 : ______________________________?

나 : ______________________________.

4) (우리 반, 누구, 멋있다)

가 : ______________________________?

나 : ______________________________.

함께 해요

♣ 여러분은 뭘 제일 좋아하고 뭘 제일 싫어해요?
친구와 이야기해 보세요.

	나		친구	
	☺	☹	☺	☹
음식				
영화				
영화배우				
운동				
동물				

종합연습

1. 〈보기〉와 같이 질문에 대답하세요.

보기 가 : 병원이 어디에 있어요?
나 : 글쎄요. 병원이 어디에 있는지 잘 모르겠어요.

1) 가 : 요즘 인기가 많은 영화배우가 누구예요?
나 : ______________________.

2) 가 : 전화 카드를 어디에서 살 수 있어요?
나 : ______________________.

3) 가 : 요즘 무슨 영화가 재미있어요?
나 : ______________________.

4) 가 : 외국 사람들이 좋아하는 한국 음식이 뭐예요?
나 : ______________________.

5) 가 : 내일 몇 시까지 학교에 가야 해요?
나 : ______________________.

6) 가 : 티누 씨가 어디에 갔어요?
나 : ______________________.

7) 가 : 한국 사람들은 추석에 무슨 음식을 먹어요?
나 : ______________________.

8) 가 : 그 학생이 어느 나라 사람이에요?
나 : ______________________.

2. 친구와 같이 이야기해 보세요.

1) 우리 반 학생들 중에 제일 재미있는 사람은 누구예요?

2) 우리 반 학생들 중에 가장 열심히 공부하는 사람은 누구예요?

3) 우리 반 학생들 중에 제일 일찍 오는 사람은 누구예요?

4) 우리 반 학생들 중에 가장 잘생긴 사람은 누구예요?

5) 여러분 나라에서 제일 유명한 음식은 뭐예요?

6) 여러분 나라에서 가장 유명한 곳은 어디예요?

7) 여러분 나라에서 제일 유명한 사람은 누구예요?

8) 여러분이 지금 가장 좋아하는 사람은 누구예요?

9) 지금까지 본 영화 중에서 제일 재미있는 영화는 뭐예요?

10) 지금까지 본 책 중에 가장 재미있는 책은 뭐예요?

3. 알맞은 단어를 골라 문장에 맞게 쓰세요.

인기	시간	약속	마다	감동적

1) 내 동생은 가수처럼 노래를 잘해요. 춤도 잘 추고요. 그래서 친구들에게 (　　　　　) 많아요.

2) 언제 이 약을 먹어야 돼요?
- 여섯 시간(　　　　　) 드셔야 합니다.

3) (　　　　　) 나면 저한테 전화하세요. 기다릴게요.

4) 이번 주 일요일에 공원에서 자전거를 탈까요?
- 미안해요. 저는 (　　　　　) 있어요. 다음에 같이 타요.

5) 그 영화는 내가 본 영화들 중에서 제일 (　　　　　). 그래서 꼭 다시 보고 싶어요.

4. 잘 듣고 맞는 그림을 연결하세요.

왕단

투이

제니퍼

선생님

5. 여러분은 한국을 잘 알고 있어요? 질문에 대답하세요.

1) 한글을 만든 사람이 누구인지 알아요?

2) 한국 사람들이 가장 가고 싶어하는 곳이 어디인지 알아요?

3) 요즘 한국에서 무슨 노래가 인기가 있는지 알아요?

4) 한국 사람들이 제일 좋아하는 음식이 무엇인지 알아요?

5) 한국 사람들이 여름 휴가 때 어디에 많이 가는지 알아요?

6. 여러분이 질문을 만들어 보세요.

보기 중국에서 제일 유명한 음식이 무엇인지 알아요?

- ______________________________?
- ______________________________?
- ______________________________?
- ______________________________?

읽기

♣ 다음을 잘 읽고 질문에 대답해 보세요.

뮤지컬 <캣츠> 내한 공연

세계인이 가장 사랑하는 뮤지컬 〈캣츠〉
감동적인 공연을 한국에서 볼 수 있습니다.
서울, 대전, 대구, 부산에서 공연

〈대구 공연 안내〉

⊙ 기간 : 5월 31일(목) – 7월 1일(수)
⊙ 장소 : 대구 오페라 하우스
⊙ 시간 : 평일 8시 / 토요일, 일요일 2시, 7시
⊙ 가격 : VIP 13만원, R 11만원, S 9만원, A 6만원, B 4만원
⊙ 예매 : 053) 644-1234 www.kmuticket.co.kr

1. 무엇을 소개하는 것입니까?

2. 맞으면 ○, 틀리면 ×하세요.

1) 이 공연은 대구에서만 볼 수 있습니다. ( )
2) 대구에서 두 달 동안 공연을 합니다. ( )
3) 주말에는 하루에 두 번의 공연이 있습니다. ( )
4) 예매는 인터넷으로 할 수 있습니다. ( )

3. 여러분이 본 공연이나 보고 싶은 공연이 있으면 소개해 주세요.

내한 세계인 기간 평일 가격

20 나는 잘 지내고 있어

I

안녕, 민주! 넌 어떻게 지내고 있니? 나는 잘 지내고 있어. 요즘 한국은 날씨가 아주 좋은데 시애틀은 어때? 비가 자주 오니? 한국 생활은 재미있어. 처음에는 이곳 생활이 심심하고 한국말을 잘 못해서 불편했어. 그런데 선생님과 한국 친구들이 많이 도와줘서 한국 생활에 익숙해졌어. 지금은 학교에서 여러 나라 친구들도 많이 사귀었어. 주말에는 그 친구들이랑 공연도 보고 쇼핑도 해.

너는 어떻게 지내? 영어 공부는 열심히 하고 있니? 너랑 빨리 만나서 이야기하고 싶어. 방학을 하면 미국에 가려고 해. 그럼 그때 만날 수 있을 거야. 안녕!

한국에서 제니퍼

대답하세요

1. 처음에 제니퍼는 왜 한국 생활이 불편했습니까?
2. 민주는 지금 어디에서 무엇을 하고 있습니까?

단어와 표현

너　시애틀　사귀다　그때
소포　잡지　졸업식

◉ 너는(넌), 네가, 너의(네), 너를(널), 너에게

- 네 편지는 책상 위에 있어.
- 어제 학교 앞에서 너를 봤어.
- 너에게 온 편지와 소포가 있어.
- 오늘 아침에 네가 제일 일찍 왔어?
- 너는 어디에 살아?
  - 나는 기숙사에 살아.
-

◉ 사귀다

- 지금 사귀고 있는 사람이 있어요?
- 여자 친구와 사귄 지 1년이 되었어요.
- 유학 생활 동안 외국 친구들을 많이 사귀었어요.
-

◉ 그때

- 집에서 잡지를 읽고 있었어요. 그때 전화가 왔어요.
- 이번 주 토요일이 졸업식이에요. 그때 이 옷을 입으려고 해요.
- 내일 오후 5시에 영화관 앞에서 만나요.
  - 좋아요. 그럼 그때 만나요.
-

문법

A/V-아/어?, A/V-아/어, A/V-니?
N(이)야?, N(이)야
A/V-(으)ㄹ 거야?, A/V-(으)ㄹ 거야

- 지금 뭐 해?
  - 내 방 청소해.
- 어디 아프니?
  - 머리가 좀 아파.
- 넌 생일이 언제야?
  - 내 생일은 8월 15일이야.
- 주말에 뭐 할 거야?
  - 친구들이랑 시내에 갈 거야.

연습

1. 〈보기〉와 같이 반말로 쓰세요.

> 보기 옷값이 너무 비싸요. → 옷값이 너무 비싸.

1) 요즘 바빠요. → ______________.
2) 친구에게 이메일을 썼어요. → ______________.
3) 오늘은 날씨가 춥지 않아요. → ______________.
4) 저 사람이 제 동생이에요. → ______________.
5) 방학을 하면 여행할 거예요. → ______________.

2. 〈보기〉와 같이 반말로 쓰세요.

> 보기 어디에 가요? → 어디에 가?

1) 무슨 과일을 좋아해요? → ______________.
2) 어제 누구를 만났어요? → ______________.
3) 한국어 공부가 어때요? → ______________.
4) 오늘 숙제가 뭐예요? → ______________.
5) 어디로 여행 갈 거예요? → ______________.

3. 〈보기〉와 같이 반말로 대화를 만드세요.

보기 가 : 지금 무엇을 합니까? → 지금 뭐 해?
나 : 농구를 하고 있습니다. → 농구를 하고 있어.

1) 가 : 언제 한국에 왔어요? → ______________
나 : 6개월 전에 한국에 왔어요. → ______________

2) 가 : 여기가 어디입니까? → ______________
나 : 여기는 도서관입니다. → ______________

3) 가 : 무슨 음식을 제일 좋아합니까? → ______________
나 : 떡볶이를 제일 좋아합니다. → ______________

4) 가 : 내일은 무엇을 할 겁니까? → ______________
나 : 집에서 쉴 겁니다. → ______________

5) 가 : 오늘 기분이 어떻습니까? → ______________
나 : 좋아요. 어제보다 많이 좋아졌어요. → ______________

6) 가 : 지금 어디에서 사십니까? → ______________
나 : 학교 근처에서 살고 있어요. → ______________

7) 가 : 오늘 어디에서 밥 먹을 거예요? → ______________
나 : 학교 식당에서 먹을 거예요. → ______________

8) 가 : 언제부터 머리가 아팠습니까? → ______________
나 : 어제부터 아팠어요. → ______________

9) 가 : 그 친구는 어떤 사람이에요? → ______________
나 : 아주 친절하고 재미있는 사람이에요. → ______________

II

상우 팀, 나 상우야. 잠깐 이야기할 수 있어?

팀 응, 어디야?

상우 집이야. 오늘 왜 동아리 모임에 안 왔어? 무슨 일 있었어?

팀 연락 못 해서 미안해. 오늘 한국어 시험이 있었어.

상우 그랬어? 시험은 잘 봤어?

팀 아니. 쓰기 시험을 못 봐서 걱정이야.

상우 너무 걱정하지 마. 열심히 공부했으니까 좋은 성적을 받을 수 있을 거야.

팀 고마워. 시험도 끝났는데 내가 한턱낼게.

상우 정말? 좋아. 내가 학교 앞으로 갈게.

팀 알았어. 이따가 만나.

대답하세요

1. 팀은 왜 동아리 모임에 안 왔어요?
2. 팀은 뭐 때문에 걱정을 해요?
3. 팀은 왜 상우에게 한턱내려고 해요?

단어와 표현

응	동아리	모임	아니
한턱내다	등록금	내다	모자라다

◉ 응 (↔ 아니)

• 날씨가 덥니?

– 응, 더워.

• 지금 밥 먹으러 갈 거야?

– 아니, 이따가 갈 거야.

• 저 사람 일본 사람이야?

– 아니, 일본 사람이 아니야.

•

◉ A/V-아/어서 걱정이다

• 동생이 많이 아파서 걱정입니다.

• 우산도 없는데 비가 많이 와서 걱정이에요.

• 등록금을 내야 하는데 돈이 모자라서 걱정이야.

•

◉ 한턱내다

• 어제 내 친구가 한턱냈어.

• 시험도 잘 봤으니까 한턱내세요.

• 오늘은 제가 한턱낼게요. 뭐 먹고 싶어요?

•

문법 V-아/어 (↔ V-지 마), V-자 (↔ V-지 말자)

- 내일 9시까지 학교에 와.
- 도서관에 가서 공부하자.
- 교실에 쓰레기를 버리지 마.
- 비가 오니까 등산을 가지 말자.

연 습

1. 〈보기〉와 같이 반말로 쓰세요.

보기 집에서 쉬세요. → 집에서 쉬어.

1) 청소 좀 하세요. → ______________.

2) 이 책을 한번 읽어 보세요. → ______________.

3) 교실에서 음식을 먹지 마세요. → ______________.

4) 내일 시험이 있으니까 공부하세요. → ______________.

5) 날씨가 추우니까 나가지 마세요. → ______________.

2. 〈보기〉와 같이 반말로 쓰세요.

보기 학교에서 만납시다. → 학교에서 만나자.

1) 점심 같이 먹읍시다. → ______________.

2) 백화점에 가서 선물을 삽시다. → ______________.

3) 수업 시간에 떠들지 맙시다. → ______________.

4) 오늘은 피곤하니까 내일 만납시다. → ______________.

5) 비가 오니까 축구를 하지 맙시다. → ______________.

3. 〈보기〉와 같이 반말로 대화를 만드세요.

> 보기
> 가 : 저녁 드세요. → 저녁 먹어.
> 나 : 네, 알았어요. → 응, 알았어.

1) 가 : 시험공부 좀 하세요. → ______________.
   나 : 네, 열심히 할게요. → ______________.

2) 가 : 어디에 갈까요? → ______________.
   나 : 날씨가 더우니까 수영장에 갑시다. → ______________.

3) 가 : 시내에 같이 갑시다. → ______________.
   나 : 다음 주에 시험이 있으니까 오늘은 가지 맙시다.
   → ______________.

4) 가 : 여기에서는 담배를 피우지 마세요. → ______________.
   나 : 네, 알겠습니다. → ______________.

5) 가 : 오늘 같이 영화 볼까요? → ______________.
   나 : 아니요, 오늘은 피곤하니까 다음에 봅시다.
   → ______________.

함께 해요

♣ 다음 질문에 친구와 반말로 이야기해 보세요.

1. 네가 가장 좋아하는 일과 싫어하는 일은 뭐야?
2. 너는 어떤 여자/남자가 좋아?
3. 네가 제일 좋아하는 가수는 누구니? 왜?
4. 너는 언제 가장 행복해?
5. 넌 이번 주말에 뭐 할 거야?

종합연습

1. 다음 문장을 반말로 바꾸세요.

1) 내일 눈이 올 겁니다. → ______________.

2) 네, 이따가 만납시다. → ______________.

3) 언제 오실 거예요? → ______________.

4) 댁이 어디세요? → ______________.

5) 도와주셔서 고맙습니다. → ______________.

6) 안녕히 계세요. → ______________.

7) 안녕히 가세요. → ______________.

8) 안녕히 주무세요. → ______________.

9) 빨리 오세요. → ______________.

10) 담배를 끊으세요. → ______________.

11) 저분이 누구세요? → ______________.

12) 뭐 먹으러 갈까요? → ______________.

13) 비빔밥을 드세요. → ______________.

14) 문을 열지 마세요. → ______________.

15) 아니요, 중국 사람이 아니에요. → ______________.

2. 알맞은 단어를 골라 쓰세요.

난	네가	네	널	너에게

1) 난 따뜻한 녹차를 마시려고 하는데 (   ) 뭘 마실 거야?

2) 어제 (   ) 전화를 했는데 (   ) 집에 없었어.

3) 김 선생님께서 (   ) 아주 보고 싶어하셨어.

4) (   ) 줄 선물이야.

- 정말 고마워.

5) 이거 (   ) 사전이니?

- 아니, 내 사전이 아니야.

3. 〈보기〉와 같이 질문에 대답하세요.

> 보기 가 : 숙제 다 했어?
> 나 : 아니, 아직 다 못 했어.

1) 가 : 이거 누구 책이야?
나 : ______________________________.

2) 가 : 머리가 아프고 열이 나니?
나 : ______________________________.

3) 가 : 목이 너무 마른데 이 물을 마셔도 돼?
나 : ______________________________.

4) 가 : 시간 있으면 차 한 잔 마시자.
나 : ______________________________.

5) 가 : 선생님 전화번호 아니?
나 : ______________________________.

6) 가 : 이거 누구한테 온 소포야?
나 : ______________________________.

7) 가 : 한국에 온 지 얼마나 됐어?
나 : ______________________________.

8) 가 : 수업이 끝나고 뭐 할 거야?
나 : ______________________________.

9) 가 : 도서관에서는 큰 소리로 이야기하지 마.
나 : ______________________________.

4. 대화를 듣고 맞으면 ○, 틀리면 ×하세요.

1) 왕단은 시험이 끝났습니다. ( )

2) 상우는 중국 친구를 사귀고 싶어합니다. ( )

3) 상우는 왕단에게 한국 친구를 소개해 주려고 합니다. ( )

4) 왕단은 주말에 상우를 만날 겁니다. ( )

5) 왕단은 상우에게 한턱낼 겁니다. ( )

5. 여러분의 친구에게 반말로 이메일을 써 보세요.

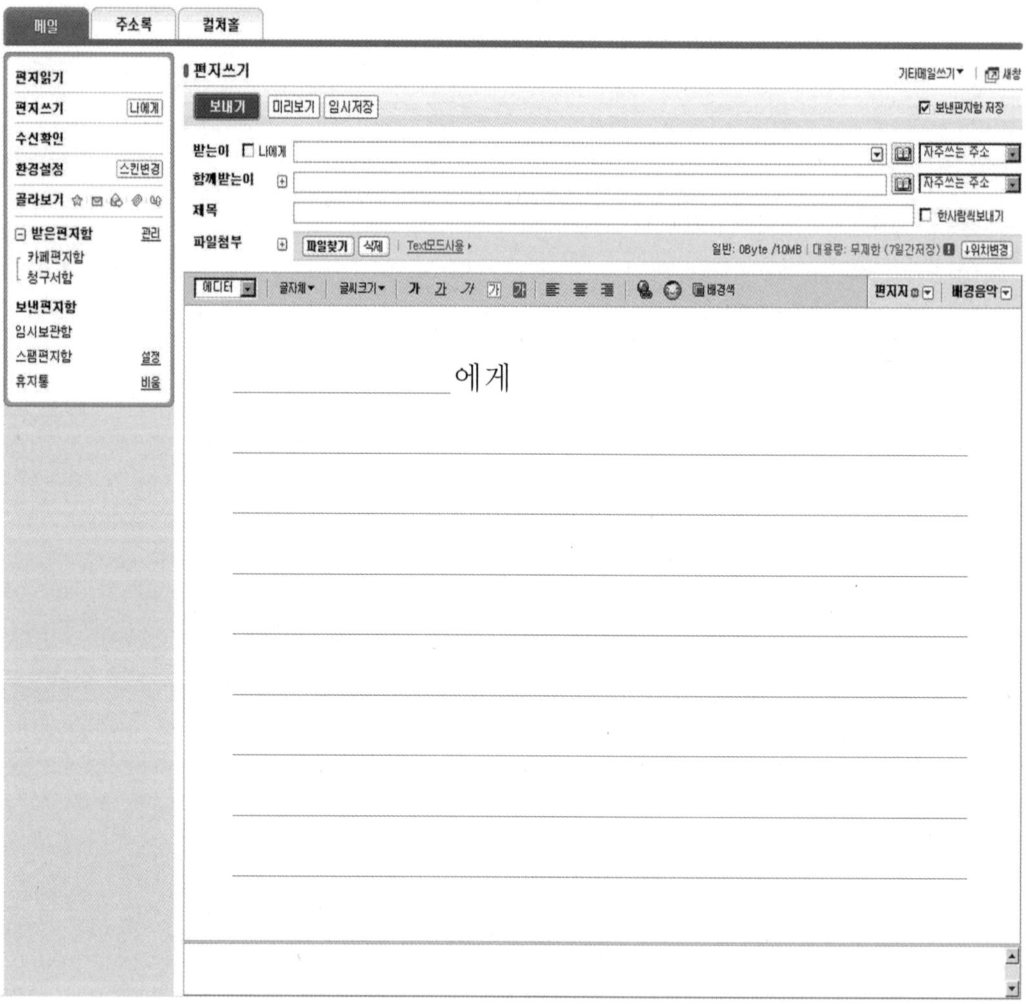

읽기

♣ 다음을 잘 읽고 질문에 대답해 보세요.

민수에게...

보내 준 엽서 잘 받았어. 네 엽서 받고 정말 반가웠어. 나도 한국에서 잘 지내고 있어. 요즘 한국은 날씨가 아주 좋아. 가을 하늘은 높고 맑아서 정말 아름다워. 난 주말마다 서울의 여기저기를 구경하고 있어.

지난 주말에는 인사동에 갔었는데 거기에는 한국의 옛날 물건들을 파는 가게와 미술관이 있어서 구경할 것이 많았어. 그리고 인사동에는 한국 전통 음식을 파는 식당과 전통 찻집도 많이 있었어.

난 점심을 먹고 전통 찻집에서 국화차도 마셨는데 향기가 정말 좋았어. 다음에는 너하고 같이 다시 인사동에 가고 싶어. 빨리 방학을 해서 널 만날 수 있었으면 좋겠어. 그럼 몸 건강하게 잘 지내. 또 연락할게.

2009년 10월 3일
서울에서 제임스

□□□-□□□

1. 인사동에는 무엇이 있었습니까?

2. 제임스는 인사동에서 무엇을 했습니까?

3. 내용과 같은 것을 고르세요.

① 민수는 주말마다 서울 구경을 합니다.
② 제임스는 인사동에 여러 번 갔다 왔습니다.
③ 인사동에서는 한국의 전통 물건을 볼 수 있습니다.
④ 제임스는 전통 찻집에서 녹차와 국화차를 마셨습니다.

엽서 인사동 찻집 국화차

듣기 지문

1과 한국어를 잘해요?

3

아사코 : 안녕하세요. 저는 아사코라고 해요.
준 : 안녕하세요. 저는 준이라고 해요. 만나서 반가워요.
아사코 : 준 씨는 언제 한국에 왔어요?
준 : 6개월 전에 왔어요. 아사코 씨는 언제 한국에 왔어요?
아사코 : 저는 1년 전에 왔어요. 한국 생활이 어때요?
준 : 재미있어요. 그렇지만 한국어가 조금 어려워요.
한국어를 공부하고 있지만 잘 못해요.
아사코 : 그래요? 그럼 한국 사람들과 이야기를 많이 해 보세요.
한국말을 잘할 수 있어요.
준 : 네, 고마워요.

1) 준 씨는 언제 한국에 왔어요?

2과 전화 잘못 거셨어요

4

에릭 : 여보세요.
민지 : 여보세요. 저는 민지라고 해요.
미안하지만 팀 씨 좀 바꿔 주세요.
에릭 : 민지 씨, 안녕하세요. 저는 에릭이에요.
그런데 팀 씨는 지금 집에 없어요.
민지 : 그래요? 팀 씨 전화번호가 010-1234-2061번이지요?
에릭 : 네, 맞아요.
민지 : 그런데 팀 씨가 전화를 안 받아요.

에릭 : 팀 씨는 지금 도서관에 있어서 전화를 받을 수 없을 거예요. 문자 메시지를 보내세요.
민지 : 고마워요. 에릭 씨, 내일 학교에서 만나요.

1) 누가 전화를 걸었어요?
2) 민지는 왜 팀의 집으로 전화했어요?

3과 점심시간이 되었네요

5

민지 : 에릭 씨, 많이 기다렸어요? 늦어서 미안해요.
에릭 : 아니요, 저도 조금 전에 왔어요.
민지 : 빨리 갑시다. 이 영화 정말 보고 싶었어요.
저는 슬픈 영화를 아주 좋아해요.
에릭 : 음료수 살까요?
민지 : 네, 팝콘도 먹고 싶어요.

점원 : 뭘 드릴까요?
에릭 : 팝콘 하나하고 콜라 두 개 주세요.
얼마예요?
점원 : 7,100원입니다.
에릭 : 여기 있어요. 감사합니다.

1) 여기는 어디예요?
2) 두 사람은 어떤 영화를 볼 거예요?

4과 감기 때문에 못 왔어요

4

아사코 : 여보세요. 팀 씨, 저 2급 반에서 같이 공부하는 아사코예요.

팀 : 네, 아사코 씨. 오늘 왜 학교에 안 왔어요? 아사코 씨가 결석해서 많이 걱정했어요.

아사코 : 감기 때문에 학교에 못 갔어요.

팀 : 지금은 좀 어때요?

아사코 : 괜찮아요. 그런데 팀 씨, 오늘 숙제가 있으면 좀 가르쳐 주세요.

팀 : 오늘은 쓰기 숙제가 있어요. 자기소개를 써야 해요.

아사코 : 네, 고마워요. 그럼 내일 학교에서 봐요.

1) 아사코 씨는 오늘 왜 학교에 못 왔어요?

5과 비가 오겠어요

5

오늘의 날씨입니다. 서울은 오전에 비가 조금 내리고 오후부터 맑겠습니다. 대구는 오전에 흐리고 오후부터 비가 오겠습니다. 부산은 바람이 많이 불겠습니다. 제주도는 바람이 불고 흐리겠습니다. 그렇지만 오후에는 맑겠습니다.

민수 : 요코 씨, 오늘 오후에 시내에 가요?

요코 : 네, 시내에 가서 쇼핑을 하려고 해요.

민수 : 그럼 우산을 준비하세요.

요코 : 오후에 비가 와요?

민수 : 네, 오늘 아침에 일기예보를 들었어요.

요코 : 고마워요.

1) 서울의 날씨는 어떻습니까?
2) 부산의 날씨는 어떻습니까?
3) 두 사람은 어디에 살고 있습니까?

6과 기차표를 예매해야 하지요?

4

소영 : 기차표를 예매하고 싶어요.
직원 : 언제 어디로 가세요?
소영 : 25일에 서울에 가려고 해요.
직원 : 어디에서 출발하세요?
소영 : 대구에서 출발해요. 아침 7시에 출발하는 기차가 있어요?
직원 : 네, KTX도 있고 새마을호도 있어요.
소영 : 얼마예요?
직원 : KTX는 41,600원인데 새마을호는 30,000원이에요.
소영 : 그래요? 그럼 KTX 표 2장 주세요.
직원 : 네.

1) 소영 씨는 언제 어디로 가요?

7과 영화표가 있을까요?

4

에릭 : 소영 씨, 다음 주부터 방학인데 어디에 가면 좋을까요?
소영 : 에릭 씨는 작년에 어디에 갔어요?
에릭 : 작년에는 고향에 갔어요.
이번 방학에는 혼자 여행을 하고 싶어요.

소영 : 그럼 일본은 어때요?
에릭 : 나도 일본에 가고 싶지만 요즘 비행기 표가 많이 비쌀 거예요.
소영 : 배는 어때요? 부산에서 배를 타고 가면 비싸지 않아요.
에릭 : 배 표는 어디에서 살 수 있어요?
소영 : 인터넷으로 예매할 수 있어요. 에릭 씨, 내가 도와줄까요?
에릭 : 정말이에요? 고마워요.

1) 에릭은 무슨 표를 사려고 해요?

8과 환전하러 왔어요

4

여자 : 어서 오세요. 뭘 도와 드릴까요?
남자 : 통장을 만들고 싶어요.
여자 : 그럼 신분증과 도장을 좀 주세요.
남자 : 도장은 없는데 괜찮아요?
여자 : 괜찮습니다. 현금카드도 만들어 드릴까요?
남자 : 현금카드가 뭐예요?
여자 : 현금카드가 있으면 현금지급기에서 돈을 찾을 수 있어요.
남자 : 그럼 만들어 주세요.
여자 : 여기에 이름과 비밀번호를 써 주세요.
남자 : 알겠습니다.
여자 : 다 끝났습니다. 감사합니다.
남자 : 안녕히 계세요.

1) 남자는 왜 여기에 왔어요?

9과 인라인 스케이트를 탈 줄 알아요?

4

아사코 : 팀 씨는 주말에 뭐 해요?

팀 : 등산을 해요. 저는 등산하는 것을 아주 좋아해요.
아사코 씨, 이번 주말에 같이 등산할까요?

아사코 : 저는 등산하는 것을 좋아하지 않아요.
저는 영화 보는 것을 좋아해요.

팀 : 저는 코미디 영화를 좋아하는데 아사코 씨는 어떤 영화를 좋아해요?

아사코 : 저는 슬픈 영화를 좋아해요.
투이 씨는 뭐 하는 것을 좋아해요?

투 이 : 저는 노래하는 것을 좋아해요.

아사코 : 그럼 노래를 잘 부르겠네요.
저는 한국 노래를 할 줄 모르는데 좀 가르쳐 주세요.

투 이 : 저도 잘 못해요.

10과 주말에 경주에 가는 게 어때요?

4

티 누 : 제니퍼 씨, 돈이 많으면 무엇을 하겠어요?

제니퍼 : 집을 사겠어요.

티 누 : 어떤 집을 사겠어요?

제니퍼 : 수영장이 있는 큰 집을 사겠어요.
티누 씨는 무엇을 하겠어요?

티 누 : 저는 좋은 자동차를 사겠어요. 자동차를 타고 세계 여행을 하겠어요. 자동차를 타고 한국의 여러 곳을 여행하고 싶어요.

제니퍼 : 티누 씨, 운전할 줄 알아요?

티　누 : 아니요, 운전할 줄 몰라요.
제니퍼 : 하하하, 그럼 운전부터 배우세요.

1) 제니퍼 씨는 무엇을 사고 싶어해요?

2) ① 운전을 배우고 싶어해요.
② 기차를 타고 세계 여행을 하고 싶어해요.
③ 자전거를 타고 세계 여행을 하고 싶어해요.
④ 자동차를 타고 한국의 여러 곳을 여행하고 싶어해요.

11과 남자 친구에게 줄 선물이에요

4

1) 안녕하세요. 저는 유수예요. 7월에 한국에 왔어요.
한국에 온 지 두 달 됐어요. 만나서 반가워요.
2) 안녕하세요. 저는 사키예요. 4개월 전에 한국에 왔어요.
그래서 아직 한국어를 잘 못해요.
3) 저는 나카타입니다. 만나서 반갑습니다. 지난달에 일본에서 왔습니다. 한국어는 어렵지만 재미있습니다.
4) 안녕하세요. 저는 소피예요. 프랑스에서 왔어요.
한국에 온 지 여섯 달 되었어요. 저는 한국 드라마 보는 것을 좋아해요.

12과 우리 할머니 댁에 같이 갈래요?

4

상우 : 투이 씨, 티누 씨, 이번 연휴 때 특별한 계획 있어요?
투이 : 아니요. 아직 없어요.
티누 : 저도 아직 생각 안 해 봤어요.

상우 : 그럼 우리 다 같이 경주에 갈래요?
투이 : 그거 좋은 생각이에요. 저는 아직 경주에 못 가 봐서 가 보고 싶어요. 티누 씨는요?
티누 : 저는 작년에 가 봤는데 참 조용하고 아름다운 곳이었어요. 그래서 기회가 있으면 다시 가 보고 싶었어요. 경주에서 자전거를 타고 구경하고 싶어요.
상우 : 그럼 우리 같이 갑시다. 그런데 경주에 뭘 타고 갈까요?
티누 : 지난번에 버스를 타고 갔는데 피곤했어요. 기차를 타고 가는 게 어때요?
투이 : 좋아요. 기차 여행은 더 재미있을 거예요.

1) 무엇을 타고 갈 거예요?

13과 더 예뻐졌네요

3

티 누 : 아사코 씨, 지금 시간 있으면 저한테 한국어 인사말 좀 가르쳐 주세요. 주말에 소영 씨 집에 가는데 소영 씨 부모님께 인사를 잘하고 싶어요.
아사코 : 좋아요. 먼저, 밥을 먹기 전에는 어떻게 말해요?
티 누 : 그건 알아요. '잘 먹겠습니다' 지요?
아사코 : 맞아요. 그러면 밥을 먹은 후에는요?
티 누 : 음, 글쎄요. 뭐예요?
아사코 : '잘 먹었습니다' 라고 해요. 그럼, 자기 전에 하는 인사는 알아요?
티 누 : 아니요, 몰라요.
아사코 : 자기 전에 하는 인사는 '안녕히 주무세요' 이고 아침에 일어나서 하는 인사는 '안녕히 주무셨어요' 예요.

티 누 : 고마워요, 아사코 씨.

1) 두 사람은 무슨 이야기를 해요?

14과 저한테 무슨 색깔이 어울릴 것 같아요?

6

팀 : 아주머니, 반바지 있어요?
아주머니 : 네, 있어요.
여러 색깔이 있는데 한번 입어 보세요.
팀 : 그럼 먼저 하얀색 반바지를 입어 보고 싶어요.
아주머니 : 반바지가 학생에게 잘 어울리는 것 같은데 마음에 들어요?
팀 : 그런데 조금 큰 것 같아요. 더 작은 것은 없어요?
아주머니 : 있어요. 잠깐만 기다리세요.

아주머니 : 그것도 커요?
팀 : 아니요. 반바지가 참 편하네요.
아주머니, 이 반바지에는 어떤 티셔츠가 어울릴까요?
아주머니 : 이 파란색 티셔츠는 어때요?
요즘 파란색이 유행이에요.
팀 : 그거 멋있네요.
그럼 이 반바지하고 파란색 티셔츠 주세요.

1) 여기는 어디입니까?
2) 남자는 무엇을 샀습니까? 모두 고르세요.

15과 방 안에서 담배를 피우면 안 돼요

4

에 릭 : 제니퍼 씨, 어디에 가요?

제니퍼 : 배가 고파서 빵을 사러 가요. 도서관에서 빵을 먹어도 되지요?

에 릭 : 아니요, 음식을 먹으면 안 돼요. 그렇지만 음료수는 마셔도 돼요.

제니퍼 : 그래요? 그럼 도서관 밖에서 먹고 와야 해요?

에 릭 : 네, 매점에서 먹고 오세요.

제니퍼 : 여기서 가장 가까운 매점이 어디에 있어요?

에 릭 : 학생회관에 있는 매점이 가장 가까워요.

제니퍼 : 고마워요. 에릭 씨도 바쁘지 않으면 같이 매점에 갈래요?

에 릭 : 미안해요. 전 수업 전에 이 책을 다 읽어야 해요.

제니퍼 : 네, 그러면 이따가 교실에서 만나요.

1) 도서관에서 먹을 수 있는 것은 무엇입니까? 모두 고르세요.

16과 방학 때 아르바이트나 여행을 해요

5

팀 : 소영 씨, 겨울 방학에 무엇을 했어요?

소영 : 학교 도서관에서 일했어요. 팀 씨는 이번 겨울에도 스키를 타러 갔어요?

팀 : 아니요, 저는 고향에 가서 부모님과 친구들을 만나고 돌아왔어요. 그래서 아직 못 갔어요.

소영 : 저도 겨울마다 친구들과 스키나 스노보드를 타러 가는데 이번 겨울에는 아직 못 갔어요.

팀 : 스키와 스노보드를 언제부터 탔어요?

소영 : 3년 전부터 탔는데 스노보드는 어려워서 아직 잘 못 타요. 그런데 스노보드가 스키보다 더 재미있는 것 같아요.

팀 : 그래요? 저는 스키는 탈 줄 아는데 스노보드는 탈 줄 몰라요.

소영 : 봄이 오기 전에 스키장에 가려고 하는데 팀 씨도 같이 갈래요?

팀 : 네, 좋아요. 재미있겠어요.

1) 소영 씨는 겨울 방학에 무엇을 했습니까?

17과 라면은 어떻게 끓여요?

4

저는 왕단이라고 합니다. 오늘은 제 생일입니다. 제 고향에서는 생일에 국수를 먹는데 한국 사람들은 미역국을 먹습니다. 저는 2년 전에 미역국을 처음 먹어 보았는데 맛이 없었습니다. 그래서 미역국을 좋아하지 않았습니다. 오늘 소영 씨가 우리 집에 와서 미역국을 끓여 주었습니다. 소영 씨가 끓여 준 미역국은 아주 맛있었습니다. 미역국을 먹고 나서 저는 소영 씨에게 미역국 끓이는 법을 물어 보았습니다. 소영 씨가 미역국 끓이는 법을 자세히 설명해 주었습니다. 다음에는 저 혼자 미역국을 끓일 수 있을 것 같습니다. 미역국은 건강에 좋은 음식이니까 자주 끓여 먹으려고 합니다.

1) 왜 소영 씨가 왕단 씨에게 미역국을 끓여 주었습니까?

18과 케이크는 내가 살게요

5

팀 : 상우 씨, 내일 저녁에 시간 있어요?

상우 : 네, 있어요. 그런데 왜요?

팀 : 내일이 내 생일이에요. 그래서 우리 집에 친구들을 초대하려고 해요.

상우 : 그래요? 생일 축하해요. 그럼 몇 시에 갈까요?

팀 : 수업이 5시에 끝나니까 6시쯤에 오면 좋겠어요. 제니퍼 씨에게도 연락해 주세요.

상우 : 그럼, 내가 전화할게요.

상 우 : 제니퍼 씨, 저 상우예요. 지금 통화할 수 있어요?

제니퍼 : 네. 괜찮아요. 무슨 일이에요?

상 우 : 내일이 팀 씨 생일인데 별일 없으면 팀 씨 집에 같이 가요.

제니퍼 : 좋아요. 그런데 팀 씨에게 무슨 선물을 사 줄까요?

상 우 : 글쎄요. 팀 씨는 옷을 좋아하니까 운동화나 가방보다 티셔츠를 사 주는 게 어때요?

제니퍼 : 좋은 생각이에요. 그럼, 우리 오늘 5시쯤 만나서 같이 사러 갑시다.

1) 상우는 팀의 생일 파티에 몇 시에 가요?

2) 상우와 제니퍼는 팀에게 무엇을 선물하려고 해요?

19과 어떤 이야기인지 알아요?

4

선생님 : 여러분은 시간이 나면 보통 뭐 해요? 왕단 씨부터 말해 볼까요?

왕 단 : 저는 시간이 나면 뮤지컬을 자주 보러 가요. 춤과 노래를 직접 보고 들을 수 있어서 좋아요. 며칠 전에도 뮤지컬 '대장금'을 봤는데 정말 감동적이었어요. 투이 씨는 시간이 나면 뭐 해요?

투 이 : 제 취미는 운동이에요. 그래서 주말마다 자전거를 타요. 가끔 인라인 스케이트도 타고요. 운동을 하면 기분도 좋고 건강도 좋아져서 열심히 하고 있어요. 제니퍼 씨는 뭐 해요?

제니퍼 : 저는 시간이 있으면 영화를 봐요. 특히 코미디 영화를 좋아해서 자주 봐요. 재미있는 영화를 보면 많이 웃을 수 있어요. 그러면 기분도 좋아지고 걱정도 없어지는 것 같아요. 선생님은 시간이 나시면 뭐 하세요?

선생님 : 나는 시간이 나면 외국어를 공부해요. 외국 학생들에게 한국어를 가르치니까 외국어 공부가 필요한 것 같아요. 그래서 요즘 영어와 중국어를 공부하고 있어요. 다음에는 일본어도 공부하려고 해요.

20과 나는 잘 지내고 있어

4

상우 : 왕단! 나 상우야. 요즘 어떻게 지냈니?

왕단 : 시험 때문에 며칠 동안 좀 바빴어. 넌 시험 다 끝났어?

상우 : 응. 어제 다 끝났어. 그런데 왕단! 너 요즘 시간 있니?

왕단 : 그럼. 시험도 끝나서 안 바빠. 왜?

상우 : 내 친구 중에 중국어를 배우고 싶어하는 친구가 있는데 너한테 소개해 주고 싶어.

왕단 : 그래? 나는 좋아. 어떤 친구야?

상우 : 내 고등학교 친구인데 내년에 중국으로 유학을 가려고 준비하고 있어. 성격도 좋고 멋있어. 참, 너한테 한국어도 가르쳐 줄 수 있을 거야.

왕단 : 정말? 그럼 언제 어디에서 만나지?

상우 : 그 친구는 금요일에 시험이 끝나니까 주말에 만나는 게 어때? 내가 그 친구 전화번호를 가르쳐 줄게.
네가 연락해 봐.

왕단 : 응, 알았어. 고마워. 다음에 내가 한턱낼게.

새로 나온 어휘

살아있는 한국어 II

지은이 김선정, 김성수, 류선영, 박은정
삽 화 이진한
펴낸이 신일희
펴낸곳 계명대학교 출판부

초판 1쇄 발행 2008년 9월 1일
초판 10쇄 발행 2025년 2월 28일

주소 대구광역시 달서구 달구벌대로 1095
전화 053) 580-6233
팩스 053) 580-6235
출판등록 제347-1998-1호(1970. 9. 1)

ISBN 978-89-7585-567-2 14710
ISBN 978-89-7585-565-8 14710 (세트)

CD 별매

정가 17,000원